Knaur

Salzburger Weihnacht

Knaur

ECKART WITZIGMANN

SALZBURGER WEIHNACHT

MEINE REZEPTE UND GESCHICHTEN

In Zusammenarbeit mit
Sigrid Bleuel und Margit Schönberger

WWW.KNAUR-RATGEBER.DE

Impressum

Fotos

Foodaufnahmen: Thomas Koller
www.thomaskoller.com

Portraitaufnahmen mit Eckart Witzigmann: Gisela Schenker
www.giselaschenker.com

Produktion + Styling: Helge Stüssel
helge.stuessel@gmx.de

Wichtiger Hinweis
Die im Buch veröffentlichten Ratschläge wurden von Verfasser und Verlag mit größter Sorgfalt erarbeitet und geprüft. Eine Garantie kann jedoch nicht übernommen werden. Ebenso ist eine Haftung des Verfassers bzw. des Verlages und seiner Beauftragten für Personen-, Sach- oder Vermögensschäden ausgeschlossen.

Bibliografische Information der Deutschen Nationalbibliothek:
Die Deutsche Nationalbibliothek verzeichnet diese Publikation in der Deutschen Nationalbibliografie; detaillierte bibliografische Daten sind im Internet über http://dnb.d-nb.de abrufbar.

Projektleitung und Redaktion: Sigrid Bleuel
Bildredaktion: Markus Röleke

Fotos: Alle Rezeptfotos: Thomas Koller außer Mauritius Images / Freshfood S. 76; Shotshop.com S. 28, 95; Stockfood / Gerrit Buntrock Ltd. S. 64 / Walter Cimbal S. 72 / D. Loftus S. 42 / Friedrich Wondrasch S. 74
Übrige Fotos: Corbis / O'Brien Productions S. 90; Gettyimages / altrendo images S. 20 / Imagesource S. 89 / Malin Jezelius S. 24 / Claudia Kunin S. 86; Jupiter Images / Heritage Images S. 12 / Imagestate S. 81 / Walsh S. 22; Mauritius Images / fm S. 103 / Imagebroker S. 101 / Helmut Peters S. 82 / André Pöhlmann S. 78 / Harald Schön S. 19; Gisela Schenker S. 77; Shotshop.com S. 2, 26; Tourismus Salzburg S. 122, 124, 125; Traumbild.at / Gerhard Wolkersdorfer S. 14, 16, 118, 121

Herstellung: Veronika Preisler
Gestaltung: Thomas Dreher, dreher@gestaltungswelten.de
Umschlaggestaltung: ZERO Werbeagentur, München
Umschlagfotos: Gisela Schenker und Thomas Koller
Schrift: Garamond, Trajan Pro, Zapfino Extra
Reproduktion: Repro Ludwig, A-Zell am See
Druck und Bindung: Offizin Andersen Nexö, Leipzig

Printed in Germany
ISBN 978-3-426-64846-9

5 4 3 2 1

Bitte besuchen Sie uns auch im Internet unter der Adresse:
www.droemer-knaur.de/ratgeber

Inhalt

Vorwort

Liebe Leserin, lieber Leser,

zu keiner Zeit des Jahres wird uns die Bedeutung des Wortes »Heimat« so bewusst wie zu Weihnachten. So abgehoben kann keiner von uns sein, dass sich nicht mit den ersten Adventstagen ganz leise und ungewollt ein wenig wehmütige Sehnsucht nach der Weihnachtsstimmung unserer Kindheit einstellt. Mögen wir es noch so sehr überlagern durch Geschäftigkeit und Aktionismus oder zu Weihnachten gar Flüge in die Sommerzeit auf der anderen Hälfte der Erde buchen – die Erinnerung an die unwiederbringlichen Tage unserer Kinder-Weihnacht lässt sich nie ganz verdrängen.

Besonders heftig erwischt es Jahr für Jahr diejenigen, die wie ich ihre Heimat schon in sehr jungen Jahren verlassen haben. Wir sind ausgezogen, um das Leben zu lernen und unser Glück in der Fremde zu suchen – aber ganz egal, ob das geglückt ist oder nicht: Zu Weihnachten macht sich Heimweh breit. In meinem Fall war Weihnachten leider immer auch mit viel Arbeit verbunden, die Interessen des Gastes hatten stets Vorrang vor den eigenen Wünschen und Bedürfnissen. Doch gerade darum stellt sich dieses besondere Gefühl ein, dieses unbeschreibliche Ich-bin-daheim-und-alles-ist-gut-Gefühl. Sofort taucht da der Geruch nach Tannennadeln auf, nach Bratäpfeln mit Butter und Zimt und nach Vanillekipferl. Und ich erinnere mich lächelnd des Herzklopfens, der kindlichen Angst, sich nicht rechtzeitig vor den Krampussen in Sicherheit bringen zu können, die man kurz zuvor noch zusammen mit den anderen Kindern geärgert hatte. Oder der friedlichen Stille fallender Schneeflocken, des Knirschens der Schritte im Schnee bei großer Kälte. Das alles steht für Weihnachten und Heimat zugleich. Und das Staunen beim Anblick der brennenden Kerzen am Christbaum, das wir als Kinder empfunden haben. Danach sehnt sich, da bin ich mir sicher, jeder Erwachsene an Weihnachten zurück. Einmal nicht erwachsen sein müssen, wieder unbedarft und neugierig sein, so wie unsere Kinder und Enkelkinder heute.

Da Weihnachten nicht nur mit Gefühlen, sondern auch mit ganz vielen Geschmackserlebnissen und -erinnerungen verbunden ist, habe ich hier die Rezepte meiner Lieblingsplätzchen und besonderer Festmahle zu Weihnachten und Silvester aufgeschrieben. Ich würde mich sehr freuen, wenn sich beim Lesen, Backen, Kochen und Genießen zusammen mit Ihrer Familie und Freunden auch bei Ihnen wieder dieses besondere Gefühl einstellte:

Es wird Weihnachten!

Ihr Eckart Witzigmann

Ein Kalender aus Licht

Mögen noch so viele Bräuche und Traditionen im Lauf der Zeit verloren gehen, der Adventskranz wird bleiben.

Um das Kerzenanzünden unseres Adventskranzes gab es Jahr für Jahr die erneute Frage: Durfte man jeden Sonntag das Streichholz an einen noch jungfräulichen Docht halten, damit das Wachs bis zum vierten Sonntag gleichmäßig abschmelzen konnte, oder musste man immer wieder dieselben Kerzen entzünden? Für fast alles in der Advents- und Weihnachtszeit gab es strenge Regeln und Bräuche – nur für die Reihenfolge des Kerzenanzündens am Lichterkranz nicht. Die Älteren haben das in die Hand genommen und entschieden, dass man am Heiligen Abend den einzelnen Kerzen auf dem Adventskranz ansehen sollte, wie lange die Zeit des Wartens gedauert hatte. Weil die Jungen schon immer alles anders machen wollen als die Alten, halten sich die meisten von uns heute nicht mehr daran, es ist nicht einmal einer Diskussion wert. Aber vergessen sind die Wortwechsel von damals nicht – jedes Mal tauchen sie spätestens beim Anzünden der Adventskranzkerzen wieder aus der Erinnerung auf. Bei uns in den Bergen wurde der grüne Kranz, der das Warten auf Weihnachten in sonntägliche Zeitabschnitte einteilt, fast immer selbst aus Tannenreisig gebunden. Darauf verstanden sich viele Leute noch in der Mitte des vergangenen Jahrhunderts, auch ohne eine Floristenlehre absolviert zu haben. Über die Farben der Kerzen war man oft geteilter Meinung. In besonders gläubigen Haushalten wurden die Farben der Liturgie

Zu allen gemeinsamen Mahlzeiten im Advent wurden bei uns die Kerzen des Adventskranzes angezündet, den meine Mutter und auch meine Tanten immer selbst geschmückt haben.

entlehnt, das heißt, die Kerzen waren lila. Die für den letzten Sonntag vor Heilig Abend waren bei denen, die es ganz genau nahmen, rosa. Unsere Kerzen waren fast immer rot, manchmal auch weiß wie das priesterliche Gewand bei der Christmette. Der grüne Kranz wurde mit Bändern, die der Kerzenfarbe entsprachen, an einen Adventskranzständer gehängt, selten lag er – wie heute üblich – flach auf einem Teller. Größere Kränze wurden an Deckenhaken befestigt, für die gab es Anzünder und Löschhütchen an langen Stangen. Das war nicht nur in den Kirchen so, sondern auch in Geschäften, Wirtshäusern, Restaurants und Hotels. Zumindest dort, wo die Inhaber »etwas auf sich hielten«.

Die ganz alten Salzburger wussten noch von einem Brauchtum zu berichten, den es vor unserem Adventskranz gab – dem »Paradeisl«. Er bestand aus vier Äpfeln, die violette Kerzen trugen, die ebenfalls an den vier Adventssonntagen entzündet wurden. Die Äpfel sollten an das Paradies erinnern, das der Mensch verloren hat, und das er mit der Geburt des Heilands wieder erringen konnte. Diese Hoffnung verband sich mit dem Licht der Kerzen. Der Adventskranz hat die Symbolik erweitert: Das Grün der Tannen- oder Fichtenzweige symbolisierte diese Hoffnung auch farblich, das Violett versteht sich als Farbe des Wartens auf die Veränderung. Und der Kranz steht für den Weltenkreis, in dem alle Menschen in ihrer Erwartung verbunden sind.

Die liturgischen Farben und das Licht machten auch die Faszination der Rorate-Messen unserer Kindheit aus. Sie fanden – und finden noch immer – in den frühen Morgenstunden statt, wenn alles noch in völliger Dunkelheit liegt. Ministranten und Kirchgänger in Landgemeinden, die zum Teil von entlegenen, tief verschneiten Bauernhöfen kamen, mussten sich dafür mit ihren Laternen durch meterhohen Schnee kämpfen. Rorate-Messen wurden noch in Latein gelesen: »Rorate coeli, de super ...« (Tauet, Himmel ...) In den Kirchen wurde kein Licht gemacht, nur die Altarkerzen und die Kerzen vom großen Adventskranz brannten und die, welche die Kirchenbesucher mitgebracht hatten. Jeder von ihnen hatte ein Licht vor sich stehen. Diese Messen versetzten selbst regelmäßige Kirchgänger in eine ganz besondere Stimmung. Wir Kinder waren noch im Halbschlaf an der Hand der Mütter oder Großmütter durch die Dunkelheit und den Schnee zur Kirche gestapft. In der war es so kalt, dass allen beim Beten und Singen große Atemwolken vor den Mündern standen. Es schien im matten Kerzenlicht so, als ob wir nicht nur unsere Herzen auf der Zunge, sondern auch unsere Seelen vor uns her trügen. Kein Licht auf dem heimischen Adventskranz konnte einem Kind damals die Bedeutung des Wartens an sich und auf die Geburt Christi im Besonderen eindringlicher deutlich machen als diese Rorate-Messen in den frühen, dunklen Morgenstunden.

Blüten mitten im kalten Winter

Am 4. Dezember feiern alle Namenstag, die auf den Namen Barbara getauft wurden. Auch wenn sie Bärbel, Babette, Babs, Babina, in der russischen Version Warwara oder abgeleitet davon Wetty gerufen werden. Selbst die modernen Versionen »Barbie« und »Baby« gehen auf die hl. Barbara zurück, sagt man. Dieser Märtyrerin ist einer der schönsten Adventsbräuche gewidmet, die wir – nicht nur im alpenländischen Raum – kennen: der Barbarazweig.

An diesem Namenstag werden Zweige von den bereits in winterlicher Ruhe befindlichen Obstbäumen oder von Forsythiensträuchern geschnitten – bei uns waren und sind es wohl noch immer bevorzugt Kirschbaumzweige – und in den warmen Wohnstuben in Vasen gestellt. Die Frauen hegen und pflegen sie, in der Hoffnung, dass sie Knospen bilden und am Heiligen Abend ihre Blüten öffnen. Dieses Blühen mitten im Winter ist der Stolz jeder Hausfrau – mit oder ohne Gnade des »grünen Daumens« –, denn es wird als gutes Omen gewertet und bedeutet, dass Segen auf Familie und Haushalt liegt.

Barbara ist eine der wichtigsten christlichen Heiligengestalten, weshalb es unzählige Legenden über sie gibt, die uns unsere Großmütter aus den Heiligenbüchern – die es früher noch oft in den Haushalten gab – vorgelesen haben. Dabei erfuhren wir, dass Barbara eine kluge und schöne Königstochter war, die Ende des 3. Jahrhunderts in Nikodemia lebte und sich gegen den Willen ihres Vaters dem Christentum zuwandte. Als auch die Verbannung in ein eigens dafür gebautes Turmgefängnis und selbst Marter und Peinigung sie nicht vom Glauben an Christus abzubringen vermochten, wurde sie vom eigenen Vater vor das Ge-

richt des römischen Statthalters gebracht, der sie zum Tode verurteilte. Der Heiligenlegende nach wurde sie zuvor so grausam gefoltert, dass ihr der eigene Vater den Tod gab. Wofür er von Gott mit dem Tod durch Blitzschlag und Verbrennen bestraft wurde.

Zusammen mit dem Barbarazweig kam auch Tannengrün ins Haus: Hinter jedes Bild an der Wand und hinter das Kruzifix im Herrgottswinkel wurden Tannenzweige gesteckt.

Uns Kindern haben diese Legenden immer einen heiligen Schrecken eingeflößt, vielleicht werden sie auch deshalb heute kaum mehr erzählt und sind fast vergessen. Wer sie aber kennt, kann sich besser erklären, warum die hl. Barbara, die zu den vierzehn christlichen Nothelfern zählt, oft mit einem Turm, ihrem Gefängnis, abgebildet wird. Oder weshalb sie unter anderem die Schutzheilige der Bergleute und Geologen ist: Bei ihrer Flucht vor den Häschern ihres Vaters tat sich der Legende zufolge ein Felsspalt vor ihr auf, in dem sie sich verbergen konnte – sie wurde aber von einem Hirten verraten. Auf dieser Flucht brach ein Zweig von einem Strauch, den Barbara in ihren Gefängnisturm mitnahm, ins Wasser stellte und der so zum Blühen kam.

Die Sagen und Legenden, die sich um die hl. Barbara ranken, drücken sich auch in den zahlreichen Berufen aus, die sie zu ihrer Schutzpatronin erkoren haben: Es sind nicht nur die Bergleute, die in ganz Europa am 4. Dezember in Bergwerken, Stollen und Tunneln die Arbeit niederlegen und ihrer Schutzheiligen gedenken. Auch die Feuerwehrleute danken am Barbaratag für den Schutz ihres Lebens und sogar die Soldaten der Artillerie und die Büchsenmacher. (Ob's der Heiligen recht wäre?) Auch diese Verehrung lässt sich auf eine Legende zurückführen, die allerdings erst viele Jahrhunderte nach dem Märtyrertod der hl. Barbara ihren Ursprung hat.

Danach belagerte ein christliches Heer eine afrikanische Küstenstadt, in der die Araber herrschten und in der christliche Sklaven unter unvorstellbarer Grausamkeit gelitten und gearbeitet haben sollen.

Man war gekommen, sie zu befreien, und beschoss die Stadt mit Kanonen, deren Kugeln jedoch immer wieder unter dem Gespött der Verteidiger von den Befestigungen abprallten. Da flehten die Soldaten die hl. Barbara als eine der vierzehn Nothelferinnen an, und wie durch ein Wunder konnten sie plötzlich eine Bresche in die wehrhaften Mauern schießen, die gefangenen Christen befreien und viele der nichtchristlichen Einwohner bekehren. Die Kunde von diesem Ereignis verbreitete sich wie ein Lauffeuer unter allen Soldaten des Abendlandes, und seit dieser Zeit wurde das Bild der hl. Barbara überall dort angebracht, wo Pulver aufbewahrt wurde. Teilweise noch bis in unsere Zeit hinein benannte die französische Marine ihre Pulverkammer auf den Schiffen »La Santa Barbe«. Karl V. erließ sogar eine Verordnung, die vorschrieb, dass jeder Kanonier vor dem Einschieben einer Kugel ins Kanonenrohr das Kreuzzeichen zu schlagen habe. Wer das in der Hitze des Gefechts vergaß und dabei ertappt wurde, musste der hl. Barbara Kerzen stiften.

Dass der Brauch des Barbarazweigs gerade bei uns im Salzburger Land nicht vergessen ist, liegt sicher weniger an den Kanonieren und Artilleristen, sondern unter anderem an den vielen Bergbauorten, die ihre Traditionen pflegen. Und auch daran, dass wir Alpenbewohner – vor allem auf dem Land – unsere Namenstage noch kennen und feiern. Es sind vor allem die Frauen, die die dahinter stehenden Heiligen und deren Geschichten im Gedächtnis behalten haben: Die hl. Barbara wird bei uns beispielsweise oft zusammen mit der hl. Katharina und der hl. Margareta abgebildet, die zusammen auch die »heiligen drei Madeln« genannt werden. Und Barbara ist zudem die Schutzheilige der jungen Mädchen.

Die alten Geschichten haben uns als Kinder fasziniert und später als Jugendliche vielleicht manchmal gelangweilt. Heute sind viele von denen, die sie uns erzählt haben, nicht mehr unter uns. Wir sollten ihrer gedenken, wenn die Knospen der Barbarazweige am Heiligen Abend ihre Blüten entfalten.

Bei unseren Nachbarn, im Rauris, haben die Bergleute früher am Barbaratag ein Brot aus Lebkuchenteig bekommen – das sogenannte Barbarabrot.

Der hl. Nikolaus und seine seltsamen Gesellen

Der erste Nikolaus ihrer Erinnerung ist für viele Kinder unserer Generation unvergesslich und strahlend schön: Sein rotweißer, oft goldbestickter Mantel, der beeindruckende goldene Bischofsstab und die hohe, mit glitzernden Steinen besetzte und mit Goldfäden durchwirkte Bischofsmütze über dem weißbärtigen Gesicht waren staunenswert und äußerst Ehrfurcht gebietend.

Alles wäre gut gewesen, wenn er nicht oft einen so schrecklichen Begleiter gehabt hätte. Eine Salzburger Kindheitserinnerung schildert diese erste Begegnung so: »Ich mag vier Jahre alt gewesen sein, und man hatte mich auf den Besuch des hl. Nikolaus vorbereitet. Es hieß, in seinem goldenen Buch habe er genau verzeichnet, was alle Kinder auf der Welt das Jahr über getan hätten. Er wüsste, ob sie auch brav gewesen seien. Auch von mir, so sagte man, wüsste er das ganz genau. Da war ich beruhigt, denn ich war ein überaus braves Kind, davon war ich felsenfest überzeugt. Wenn das wirklich so gewesen sei, dann würde ich auch Geschenke von ihm bekommen, das wurde mir versprochen. Und nun war er da, der heilige Mann – aber er hatte einen Angst einflößenden, ganz schrecklichen Begleiter mitgebracht, von dem ich zwar gehört, aber den man mir nicht angekündigt hatte: den Krampus. Ich war noch sehr klein, und der goldene Nikolaus, der sehr freundlich zu mir sprach, verdeckte diesen schlimmen Burschen zum größten Teil. Aber das wenige, das ich von ihm sah und vor allem hörte, lähmte mich geradezu vor Angst. Er war ganz in ein schwarzes Fell gekleidet, hatte rotbemalte Ziegenhörner auf dem Kopf, eine lange, rote Zun-

Zu uns kam der Nikolaus immer mit gleich drei Begleitern: dem »Guezelmann«, der die Süßigkeiten trug, einem wunderschönen Engel und dem unvermeidlichen Klaubauf.

ge, die ihm bis auf die Brust baumelte, in der Hand hielt er eine Eisenkette, die er dauernd laut klirren ließ, und dazu knurrte er wie ein böser Hund. Der Nikolaus befahl ihm immer wieder, Ruhe zu geben und still zu sein, und fragte mich, ob ich ein Gebet oder ein Gedicht hersagen könne, so wie alle guten Kinder. Ich hatte unter der Anleitung meiner Mutter auch eines für diesen Anlass gelernt, fürchtete mich

jedoch so sehr, dass mir immer wieder nur die erste Zeile einfiel: »Jesukindlein bleib bei mir ... Jesukindlein bleib bei mir ...« wiederholte ich den Tränen nahe immer und immer wieder und zitterte wie Espenlaub. Ich weiß nicht mehr genau, wie es weiterging, nur, dass die beiden plötzlich weg waren und ich ein rotes, innen weiß gefüttertes Säckchen aus Krepppapier in Händen hielt und weinend auf dem Schoß meiner Mutter saß. Ich hörte an der Lautstärke des Kettengerassels, dass der Krampus inzwischen schon aus der Wohnung und wieder auf der Straße war, und wagte mich ans Fenster. Da sah ich ihn erst in seiner ganzen Schrecklichkeit. Wie er neben dem Nikolaus herlief und die Eisenkette drohend schüttelte. Auf dem Rücken hatte er einen großen Tragekorb, in den leicht ein Kind meines Alters passte. Und da fiel mir siedend heiß ein, was hätte passieren können, wenn ich nicht brav gewesen wäre. Die Mandarinen und Erdnüsse, die blaue und die grüne Bensdorp-Schokolade, den Ring aus getrockneten Feigen und die Lebkuchen konnte ich nur mit zitternden Fingern aus dem Nikolaussäckchen holen. Und ich war froh, dass auf dem Säckchen das Gesicht vom Nikolaus und nicht auch noch das des bösen Krampus aufgeklebt war. Die winzige Rute, die an der Kordel festgesteckt war, die warf ich heimlich in die Holzschütte, in der das Brennholz lag.«

Man muss kein ausgebildeter Pädagoge sein, um an dieser Schilderung erkennen zu können, dass die Erziehung zu Gehorsam mit Hilfe von Nikolaus und Krampus eine recht drastische war. Für die schon etwas größeren Buben war es damals oft eine Mutprobe, den Krampus auf dem Weg zu den braven Kindern zu »tratzen«, also ihn zu ärgern und zu reizen, um ihm dann im letzten Moment zu entwischen. Um die Heldentat noch heroischer zu machen, setzten die Buben das Gerücht in Umlauf, der Krampus habe einen von ihnen erwischt, in seine Bütte gesteckt und Ketten rasselnd davongetragen. Von diesen Gruselgeschichten kommt auch der andere Name des Krampus, der in vielen Gegenden bei uns verbreitet war: »Klaubauf«. In vielen Orten Österreichs, Südtirols und auch in der Schweiz gibt es das sogenannte Krampuslaufen, in dem sich diese schrecklichen Gestalten in ganzen Rudeln präsentieren – einer Furcht erregender als der andere. In diesen von schrecklichem Gebrüll und Geknurre untermalten Umzügen wird das kindliche »Tratzen« der unheimlichen Gestalten zum Angstkitzel für Jung und Alt, die es am Straßenrand sprung- und fluchtbereit beobachten.

Es ist ein Rätsel, weshalb dem heiligen Mann so ein dunkler Geselle aus der Hölle – der Krampus ähnelte zum Verwechseln der Gestalt des Teufels, wie wir sie aus Sagen und Märchen kennen – zur Seite gestellt wurde. Denn Nikolaus war ein durch und durch guter Mann. Wer seine Geschichte nachliest, stößt auf unzählige Legenden, die alle erklären, warum er Kinder beschenkt und überall zu Ruhm und Verehrung gelangte. Ja sogar Millionen Kinder auf der ganzen Welt das Christkind vergessen ließ und zum Weihnachtsmann wurde. Nikolaus von Myra ist, so sagt man, eine historisch verbürgte Gestalt, ein Mann der Gerechtigkeit, den viele Berufsgruppen zu ihrem Schutzheiligen erkoren haben: Seeleute, Studenten, Kaufleute, Getreidehändler, Pfandleiher, Juristen, Apotheker, Schneider, Fassmacher, Fuhrleute, Gefängniswärter und sogar die Metzger – zu all diesen Berufen gibt es eine uralte, erklärende Legende. Nikolaus ist auch der Heilige der Salzsieder, und so kam er wohl bei uns in Salzburg zu Ehren. Keinem katholischen Heiligen wurden mehr Kirchen geweiht als ihm. Er ist der Schutzpatron Russlands und wird ebenso in Kroatien, Serbien, Süditalien und Lothringen ganz besonders verehrt und dort oft sogar zusammen mit Maria und dem Jesuskind abgebildet.

Dass der hl. Nikolaus keinen strafenden Gesellen an seiner Seite nötig hat, weil er durchaus in der Lage ist, selbst Gerechtigkeit walten zu lassen, kennen wir alle noch aus dem »Struwwelpeter«, wo er Ludwig, Kaspar und Wilhelm ins schwarze Tintenfass tauchte, weil sie den armen Mohren verlacht hatten: »Und hätten sie nicht so gelacht, hätt' Niklas sie nicht schwarz gemacht.« Bei uns im Alpenland

Wir älteren Buben spielten am Nikolaustag oft mit dem Feuer: An strategisch guten Stellen bauten wir uns eine Art Igluversteck. Dann munitionierten wir uns mit Schneebällen und bombardierten damit die Krampusse. Danach hieß es aber blitzartig im Schneeloch zu verschwinden!

In unserem Gasteiner Perchtenzug sind die Klaubaufgestalten geradezu gezähmt, man muss sie nicht fürchten. Dafür treiben sie es in den Krampusläufen im Pongau noch heute umso wilder!

ist der Krampus an der Seite des heiligen Mannes höchstwahrscheinlich weniger der Hölle als vielmehr den Perchten entliehen. Sie sind die bösen Geister der Dunkelheit aus vorchristlicher Zeit, die im Advent und in den Rauhnächten – bei uns in den Bergen bis heute als Brauchtum bewahrt – ihr Unwesen treiben. So symbolisieren der Nikolaus und der »Kramperl«, wie er an vielen Orten auch verharmlosend genannt wird, Licht und Dunkel, Gut und Böse als höchst drastische Erziehungsmethode, die ganz ohne Zweifel nicht zu vertreten ist. Allerdings muss zur Entlastung unserer Eltern und Großeltern gesagt werden, dass der Krampus oder Klaubauf keine Erfindung von uns »Gebirglern« ist. In vielen europäischen Ländern gibt es ähnliche dunkle Gestalten an der Seite des heiligen Gabenbringers.

Dieser erzieherischen Fragwürdigkeit ist es vielleicht geschuldet, weshalb inzwischen auch bei uns vielerorts ein anderer Begleiter des hl. Nikolaus Einzug gehalten hat: Knecht Ruprecht. Er ist ein angenehmerer Geselle als sein Fell und Hörner tragender Vorgänger. Er schleppt für Nikolaus den Sack mit den Geschenken – der mit seinem Bischofsstab und dem goldenen Buch ohnedies keine Hand mehr frei hat. Vielleicht lenkt er auch noch dessen Schlitten. Knecht Ruprecht hat mit dem Krampus nichts gemein: Meist ist er in eine schwarze oder braune, etwas zerlumpte Kutte gekleidet und erinnert ein bisschen an einen frommen Bettelmönch. Er stößt keine schrecklichen Laute und Drohungen aus, verteilt die Geschenke – manchmal allerdings durchaus auch Ruten. Vielleicht haben wir in Salzburg – sonst nicht so leicht von fremden Bräuchen zu überzeugen – den aus Deutschland kommenden Ruprechtsbrauch deshalb so leicht als Krampusersatz angenommen, weil er der Namensvetter unseres Landes- und Stadtpatrons ist, des hl. Rupert. Der kam aus Worms und hat uns nicht nur katholisch, sondern durch die Entdeckung der Salzvorkommen auch reich gemacht. Wir haben ihn schon als Kinder kennengelernt, in dem Gedicht von Theodor Storm, das wir in der Schule auswendig lernen mussten. Auch wenn wir ihn damals meist noch nicht mit dem hl. Nikolaus in Zusammenhang gebracht haben. In Storms Gedicht sind die beiden Figuren offenbar miteinander verschmolzen:

Von drauss' vom Walde komm ich her

Von drauß' vom Walde komm ich her,
Ich muss euch sagen, es weihnachtet sehr!
Allüberall auf den Tannenspitzen
Sah ich goldene Lichtlein sitzen;
Und droben aus dem Himmelstor
Sah mit großen Augen das Christkind hervor;
Und wie ich so strolcht' durch den finsteren Tann,
Da rief's mich mit heller Stimme an:
»Knecht Ruprecht«, rief es, »alter Gesell,
Hebe die Beine und spute dich schnell!
Die Kerzen fangen zu brennen an,
Das Himmelstor ist aufgetan,
Alt' und Junge sollen nun
Von der Jagd des Lebens einmal ruhn:
Und morgen flieg ich hinab zur Erden,
Denn es soll wieder Weihnachten werden!«
Ich sprach: »Lieber Herre Christ,
Meine Reise fast zu Ende ist:
Ich soll nur noch in diese Stadt,
Wo's eitel gute Kinder hat!«
»Hast denn das Säcklein auch bei dir?«
Ich sprach: »Das Säcklein, das ist hier:
Denn Äpfel, Nuss und Mandelkern
Essen fromme Kinder gern.«
»Hast denn die Rute auch bei dir?«
Ich sprach: »Die Rute, die ist hier;
Doch für die Kinder nur, die schlechten,
Die trifft sie auf den Teil, den rechten.«
Christkindlein sprach: »So ist es recht:
So geh mit Gott, mein treuer Knecht!«

Von drauß' vom Walde komm ich her;
Ich muss euch sagen, es weihnachtet sehr!
Nun sprecht, wie ich's hierinnen find!
Sind's gute Kind, sind's böse Kind?

Maria durch ein' Dornwald ging

Die Kirchenlieder im Advent haben mir immer schon besonders gut gefallen. Besser sogar als die, die bei den Maiandachten gesungen wurden. Im Dezember ist alles einfach viel feierlicher!

Im Advent, der Wartezeit auf die Geburt Christi, spielt Maria, die Mutter Gottes, bei uns im alpenländischen Raum unter allen biblischen Personen eine ganz besondere Rolle. Ihr wurden nicht nur einige der schönsten Adventslieder gewidmet, ihr zu Ehren ist auch der sehr alte Brauch des »Marientragens« bis heute erhalten geblieben. Er wird nicht nur auf dem bäuerlichen Land gepflegt, sondern oft auch noch in besonders engagierten dörflichen und städtischen Kirchengemeinden:

Ein Bild Marias wird von Haus zu Haus getragen, wo sich die Frauen bei Kaffee und Adventsbäckerei zum Beten und Singen – und wohl auch zu nachbarlichen »Frauengesprächen« – versammeln. (So manches Rezeptgeheimnis soll bei dieser Gelegenheit schon ausgetauscht worden sein.) Das Marienbildnis bleibt über Nacht bei der Gastgeberin und wird am nächsten Tag wieder von den Frauen abgeholt und zur nächsten »Unterkunft« getragen, wo sich alle erneut einfinden. Dieser Brauch erinnert zwar ein wenig an die Herbergssuche, ist aber eher Marias Besuch bei ihrer Verwandten Elisabeth gewidmet, die zur selben Zeit mit Johannes dem Täufer in der Hoffnung war. Beiden heiligen Frauen war die Geburt ihrer Kinder von einem Engel »verkündet« worden, wie in der Heiligen Schrift nachzulesen ist. Das macht

so ein Treffen – selbst unter schwierigen Umständen – auch aus heutiger Sicht noch einleuchtend. So symbolisiert das »Frauentragen« den beschwerlichen Weg der hochschwangeren Mutter Gottes über das Gebirge, was in den Salzburger Gebirgsdörfern und den oft weit auseinander liegenden, im Schnee versunkenen Höfen durchaus seine Entsprechung haben mag. Die Älteren unter uns erinnern sich noch daran, dass man bis weit in die sechziger Jahre des letzten Jahrhunderts hinein nicht von Schwangerschaften sprach, sondern sagte, eine Frau sei »in der Hoffnung«. Das biblische Geschehen um Maria und Christi Geburt hat also die Sprache damals noch bis in den Alltag hinein geprägt.

Auch zahlreiche Legenden haben sich bei uns um Maria und das Jesuskind gebildet. Nicht nur das Stallvieh steht demnach unter dem besonderen Schutz Mariens, sondern zum Beispiel auch die Kreuzspinne. Sie wohl deshalb, weil es zu Ehren Marias zahlreiche Volkslieder zum Thema des Flachsspinnens gibt und kein Gewebe von Menschenhand so fein gesponnen ist wie das Netz der Spinne. Der Blindschleiche hingegen wurde dem Volksglauben nach das Augenlicht genommen, weil sie Maria und das Jesuskind im Stall erschreckt haben soll. Die Schwalbe wiederum, so heißt es, stehe unter dem besonderen Schutz Marias. Ebenso geht die Legende vom »Bettstroh« der Mutter Gottes, das besonders heilkräftige Pflanzen enthalten haben soll, wie beispielsweise das Labkraut und den Thymian. Beide Pflanzen wurden von unseren Ahnen zur Weihnachtszeit den Strohsäcken beim Aufschütteln beigegeben und sollten so alle Familienmitglieder und das Gesinde gesund erhalten.

Kein Mensch weiß, wie die Schriftgelehrten das herausgefunden haben wollen, aber es heißt, die Mutter Gottes sei an einem Samstag geboren worden. Deshalb durfte an diesem Wochentag keine Wäsche gewaschen und keine Wolle gesponnen werden. Die Rorate-Frühmessen im Advent wurden zwar vielerorts täglich gelesen, wenn das aber in Ermangelung eines eigenen Dorfpfarrers oder eines Ministranten nicht so oft möglich war, dann auf jeden Fall samstags. Bis heute werden dabei Marienlieder gesungen. Den Text des wohl schönsten wollen wir hier in Erinnerung rufen:

Maria durch ein' Dornwald ging

Maria durch ein' Dornwald ging,
Kyrieleison!
Maria durch ein' Dornwald ging,
Der hatte in sieben Jahrn kein Laub getragen!
Jesus und Maria.

Was trug Maria unter ihrem Herzen?
Kyrieleison!
Ein kleines Kindlein ohne Schmerzen,
Das trug Maria unter ihrem Herzen!
Jesus und Maria.

Da hab'n die Dornen Rosen getragen.
Kyrieleison!
Als das Kindlein durch den Wald getragen,
Da haben die Dornen Rosen getragen!
Jesus und Maria.

Wie soll dem Kind sein Name sein?
Kyrieleison!
Der Name der soll Christus sein,
Das war von Anfang der Name sein!
Jesus und Maria.

Wer soll dem Kind sein Täufer sein?
Kyrieleison!
Das soll der Sankt Johannes sein,
Der soll dem Kind sein Täufer sein!
Jesus und Maria.

Was kriegt das Kind zum Patengeld?
Kyrieleison!
Den Himmel und die ganze Welt,
Das kriegt das Kind zum Patengeld!
Jesus und Maria.

Wer hat erlöst die Welt allein?
Kyrieleison!
Das hat getan das Christkindlein,
Das hat erlöst die Welt allein!
Jesus und Maria.

Eisblumen am Fenster

Dass es angeblich ein paar tausend Arten von Schneekristallen gibt, wusste ich als Kind noch nicht. Aber Schneeflockenfangen war ein beliebtes Spiel.

Es gibt sie nicht mehr, die Eisblumen unserer Kindheit. Die meisten Kinder heute haben diese wunderbaren Phantasielandschaften auf den Glasscheiben nie zu Gesicht bekommen. Wir konnten uns noch in Betrachtung dieser kristallenen Eisgemälde geradezu verlieren. Sie entführten uns in Gedanken in dichte, geheimnisvolle Wälder mit Pflanzen, die wir noch nie gesehen hatten, in die Schlösser wunderschöner Eisprinzessinnen, in ferne, unbekannte Länder oder zu dem armen »Mädchen mit den Schwefelhölzern«. So manche Weihnachtskrippe stand auf einem Fensterbrett vor dieser glitzernden Wunderkulisse und bekam durch sie einen Zauber, den kein Dramaturg besser hätte schaffen können. Sie sind verschwunden, die Eisblumenlandschaften unserer Kindertage, verschwunden von den Fensterscheiben unserer Häuser, die inzwischen so gut isoliert sind, dass der Maler namens Frost nicht mehr die geringste Chance hat, seine einzigartige Kunst vorzuführen. Uns Kindern war es damals egal, ob der Zauber etwas mit Kondenswasser und vertrackten physikalischen Gesetzen zu tun hat. Wir pressten mit unseren warmen Nasenspitzen Gucklöcher in die Kunstwerke, um nach draußen schauen zu können. Die ganz Kleinen waren ja ständig in Erwartung irgendwelcher wundersamer Ereignisse, die keines von ihnen verpassen wollte. Unseren Großeltern wurde noch das »goldene Rössel« angekündigt, das am Heiligen

Abend – während des Wartens auf die Bescherung – angeblich über den Dachfirst der Häuser sprang, und das nur wirklich brave Kinder erspähen konnten. Wir haben gerade mal einen silbernen Lamettafaden auf dem Teppich gefunden, den angeblich das Christkind verloren hatte. Geheimnisvolles Rascheln gehörte ebenso zur Adventszeit wie gelegentlich ein leises Klingeln, das nur wir hören konnten. Erwachsene schienen taub dafür zu sein. Wenn wir nachfragten, taten sie erstaunt, schüttelten den Kopf und verschwanden wieder hinter einer Tür, die für uns streng verschlossen war.

Doch eine Blume gab es zur Weihnachtszeit, die man anfassen und sogar pflücken konnte, und die nicht zu Wasser schmolz, wenn man Hand an sie legte oder sie anhauchte: die Schneerose, auch Christrose genannt. Bei weihnachtlichen Spaziergängen im ganzen Salzburger Land wurden Kinderaugen auf das Ausspähen dieser wunderbaren weißen Blume geradezu trainiert. Man konnte sie in der Nähe von Baumwurzeln finden, wo der Schneerand ein bisschen zurückgewichen war und wo ihre festen Blüten inmitten eines tiefgrünen Blätterkranzes stolz der Kälte trotzten. Am Heiligen Abend oder an einem der beiden Weihnachtsfeiertage eine im Unterholz versteckte Christrose zu finden, das war gar nicht so einfach und löste den Jubel aller Spaziergänger aus. (Welch merkwürdiges Gefühl für uns Gestrige, heute Christrosen beim Blumenhändler zu kaufen.)

Dass die Schnee- oder Christrose ein Hahnenfußgewächs der Gattung Nieswurz ist und nur in den Nord- und Südalpen vorkommt, haben wir Salzburger Kinder in der Schule gelernt. Und auch, dass schon Plinius der Ältere, der große römische Naturkundler, sie gekannt und als Heilpflanze gegen alle möglichen Krankheiten eingesetzt hat. So soll sie zum Beispiel gegen den Fluss der schwarzen Galle – wir sagen heute dazu Depression – eingesetzt worden sein und zur Heilung von Epilepsie, weil man zur Römerzeit der Meinung war, dagegen helfe kräftiges Niesen. Auch unsere Vorfahren kannten die heilende Wirkung der Christrose, aber auch ihre Giftigkeit. In Kräuterbüchern des 16. und 17. Jahrhunderts finden sich dazu Vermerke wie: »Drei Tropfen machen rot, zehn Tropfen machen tot.« Auch die alten Bauern nutzten die Wurzel dieser herrlichen Weihnachtsblume: Ein

Was ich über Blumen weiß,
hat mir alles mein Vater beigebracht,
der ein großer Naturfreund war.
Er lehrte mich auch die Namen
der Blumen.

Eisblumen fanden wir immer in der Hütte meines Cousins Walter auf der Mittelstation der Stubnerkogl-Gondelbahn vor, wenn wir einige Tage mal nicht dort waren.
Da oben haben wir tolle Feste gefeiert. Die nächtlichen Skiabfahrten – in sternklaren Nächten mit Fackeln – sind allen Beteiligten unvergesslich geblieben.

kleines Stück davon unter die Haut von Schweineohren gesteckt, sollte die Tiere vor der Schweinepest und anderen Krankheiten schützen. Die Mutter einer Freundin erinnert sich, dass diese vorbeugende Methode noch in der ersten Hälfte des vorigen Jahrhunderts auf Bauernhöfen praktiziert wurde.

Aber zu Weihnachten wurde der unter Schnee versteckt blühenden Christrose besondere Bedeutung beigemessen. Noch zu Zeiten unserer Urgroßmütter galt sie als heilig. Man schrieb ihr besondere Kräfte zu. Kräfte, die in der Lage waren, die bösen Geister zu vertreiben. Sie war die Blume, die zu Ehren von Christi Geburt blühte, und brachte all jenen Segen, die sie an diesem besonderen Tag fanden.

In den fünfziger Jahren des vergangenen Jahrhunderts kam eine andere Weihnachtsblume auch zu uns ins Gebirge: der Weihnachtsstern. Wir kannten diese ursprünglich aus tropischen Gefilden stammende Pflanze mit ihren großen, roten, sternförmigen Blättern damals nur als Motiv auf Weihnachtskarten, die uns aus Amerika erreichten. Als sie dann auch in Europa und bei uns Einzug hielt, war sie zunächst nur bei den »Stadtleuten« verbreitet und bei denjenigen, die »modern« sein wollten. Heute hat der Weihnachtsstern der seltenen Christrose längst den Rang abgelaufen und ist zur Weihnachtszeit überall zu sehen – zumindest dort, wo es keine Katzen im Haus gibt, da sie krank werden, sollten sie die Blätter des roten Sterns anknabbern. So ist das Leben: Die einen kommen, die anderen gehen. Aber um die schönen vergänglichen Eisblumen unserer Kindheit ist es wirklich schade.

Singen beim Backen

oder: Finger weg von Mutters Plätzchenteig

Weihnachtliches Backen verführt geradezu zum Musikhören, ja sogar oft zum Mitsingen. Da geht alles gleich viel besser von der Hand.

Zur alten Zeit wussten sich Mütter während des weihnachtlichen Backens kleiner »Teigschlecker« sehr einfach zu erwehren. Die Geschichte von Karl Heinrich Waggerl auf Seite 75 dieses Buches macht das auf höchst amüsante Weise deutlich. Heute, wo nicht mehr so oft gebetet wird, zumindest selten in der Küche, könnte Singen helfen, vorwitzige Kinderfinger von der Teigschüssel fernzuhalten. Die alten Melodien kennen auch junge Mütter heute noch. Lediglich mit den Texten hapert es oft ... Und wer weiß? Vielleicht finden sich – angelockt durch den wunderbaren Duft aus der Küche und den ungewohnten Gesang – auch ältere Geschwister am Küchentisch ein? Kommen vielleicht mit der vergessenen Blockflöte oder der Mundharmonika und holen sich mehlbestäubte Ellbogen? Vielleicht kommt auch der Vater mit seiner Gitarre, die er schon jahrelang nicht mehr in der Hand hatte? Eine sentimentale Vorstellung? Vielleicht sogar kitschig? Doch wann sollte man sich solche Gefühle und Erwartungen leisten dürfen, wenn nicht in der Weihnachtszeit? Übrigens ist der Barbaratag ideal für alle großen und kleinen Bäckerinnen und Bäcker, um mit dem Plätzchenbacken zu beginnen; denn die hl. Barbara ist auch die Schutzheilige der Köchinnen. Sie wird mit dafür sorgen, dass alle Köstlichkeiten rechtzeitig gut aus dem Ofen kommen.

LINZER PLÄTZCHEN

FÜR ca. 50 STÜCK

Für den Teig: 150 g Butter • 75 g Puderzucker • 20 g Vanillezucker • 1 Ei (50 g)
1 Prise Salz • 1 Msp. gemahlener Kardamom • 1 Msp. gemahlener Zimt
1 Msp. gemahlene Gewürznelken • 1 TL Kirschwasser
150 g Mehl (Type 550) • 150 g geschälte, fein gemahlene Mandeln

Außerdem: 125 g Johannisbeergelee • Puderzucker zum Bestäuben

❄ Die kalte Butter in kleine Stücke schneiden und mit möglichst kalten Händen mit Puderzucker und Vanillezucker rasch verkneten. Nacheinander das Ei, Salz, Gewürze und Kirschwasser einarbeiten.

❄ Mehl und Mandeln mischen und wie bei der Herstellung von Streuseln zwischen den Händen mit reibenden Bewegungen in die Buttermasse einarbeiten, dann rasch zusammenkneten.

❄ Den Teig zu einer Kugel formen, in Frischhaltefolie wickeln und über Nacht kühl stellen.

❄ Den Teig auf der leicht bemehlten Arbeitsfläche ca. 3 mm dick ausrollen und Sterne und Herzen ausstechen. Aus der Hälfte der Plätzchen in der Mitte kleine Kreise und Herzen ausstechen. Die Kekse auf ein mit Backpapier ausgelegtes Backblech setzen und ca. 10 Minuten lang kalt stellen.

❄ Auf der mittleren Schiene des vorgeheizten Backofens bei 150 °C in ca. 20 Minuten goldgelb backen. Mit einer Palette vorsichtig vom Backblech heben und abkühlen lassen.

❄ Auf die eine Hälfte der Plätzchen mit dem Spritzbeutel etwas Johannisbeergelee dressieren. Die andere Hälfte dick mit Puderzucker bestäuben und auf die Sterne und Herzen setzen.

ECKART WITZIGMANN: Die echten Linzer Plätzchen werden natürlich mit Johannisbeergelee gefüllt, sie schmecken aber auch mit Aprikosen-, Orangen-, Kirsch- oder einer anderen Lieblingskonfitüre. Wenn Sie Konfitüre nehmen, sollte diese nicht im Mixer püriert werden, da sie sonst den Glanz verliert. Besser durch ein Sieb passieren.

Heidesandtaler

FÜR ca. 60 STÜCK

Für den Teig: 375 g Mehl • 25 g Speisestärke (z. B. Mondamin) 250 g Butter • 150 g Puderzucker • 1 Prise Salz abgeriebene Schale von ½ unbehandelten Zitrone Mark von ½ Vanilleschote • 1 Eigelb (20 g)

Außerdem: 1 Eigelb (20 g) • Hagelzucker zum Bestreuen 4–6 EL Aprikosenkonfitüre

❄ Das Mehl und die Speisestärke mischen und sieben. Die kalte, in kleine Würfel geschnittene Butter mit Puderzucker, Salz, Zitronenschale und Vanillemark glatt kneten und das Eigelb einarbeiten.

❄ Die Mehlmischung in die Buttermasse einarbeiten. Nicht kneten, sondern zwischen den Händen verreiben, damit ein bröseliger Teig entsteht, in der Konsistenz ähnlich wie Streusel. Den Teig in Frischhaltefolie einschlagen und über Nacht im Kühlschrank ruhen lassen.

❄ Den Teig auf der leicht bemehlten Arbeitsfläche rasch durchkneten. In drei gleiche Stücke teilen und Rollen mit 2,5 cm Durchmesser formen. Nochmals kalt stellen.

❄ Die Rollen mit verquirltem Eigelb bepinseln und in Hagelzucker wälzen. Erneut kalt stellen. Den Backofen auf 180 °C vorheizen.

❄ Die Rollen in ca. 6 mm dicke Scheiben schneiden und auf ein mit Backpapier ausgelegtes Blech setzen. In die Mitte der Taler mit dem Holzlöffelstiel eine kleine Mulde drücken.

❄ Die Aprikosenkonfitüre durch ein Sieb passieren und glatt rühren. Etwas Konfitüre in die Mulden füllen. Die Plätzchen in den heißen Ofen schieben und in 10–12 Minuten goldgelb backen.

ZIMTSTERNE

FÜR ca. 80–100 STÜCK (JE NACH GRÖSSE)

Für die Makronenmasse: 500 g gemahlene Haselnüsse
je 125 g sehr fein gehacktes Zitronat und Orangeat
200 g fein gemahlene Kuchenbrösel • 1 kg Zucker
3 g gemahlener Zimt • Eiweiß nach Bedarf

Für die Glasur: 1 Eiweiß (30 g) • 150 g Puderzucker
3 Tropfen Zitronensäure • Mark von ½ Vanilleschote nach Belieben

Außerdem: Zucker zum Ausrollen

❄ Die Nüsse anrösten und auskühlen lassen. Mit Zitronat, Orangeat, Kuchenbröseln, Zucker und Zimt mischen. So viel Eiweiß dazugeben, bis eine feste, aber formbare Masse entsteht. Mit Frischhaltefolie umhüllen und über Nacht kühl stellen.

❄ Die Masse am nächsten Tag rasch durchkneten und auf einer mit Zucker bestreuten Platte etwa 1 cm dick ausrollen. In das Tiefkühlfach stellen und kurz anfrieren lassen. Den Backofen auf 200 °C Unterhitze vorheizen.

❄ Für die Glasur das Eiweiß leicht schaumig schlagen, gesiebten Puderzucker nach und nach dazugeben und zu einem cremigen Schnee schlagen. Zitronensäure und Vanillemark untermischen und die Glasur dünn auf die ausgerollte Makronenmasse streichen.

❄ Mit einer in heißes Wasser getauchten Form nach traditioneller Art Sterne oder, wie von Eckart Witzigmann kreiert, Eisblumen ausstechen. Die Form immer wieder in Wasser tauchen, damit glatte Kanten entstehen.

❄ Die Plätzchen auf das mit Backpapier ausgelegte Backblech legen und bei leicht geöffneter Backofentür ca. 10 Minuten backen, bis sie am Boden leicht Farbe angenommen haben.

Vanillekipferl

FÜR ca. 50 STÜCK

Für den Teig: 220 g Butter • 80 g Puderzucker • 1 Prise Salz
Mark von 4 Vanilleschoten • 100 g geschälte, gemahlene Mandeln • 280 g Mehl

Außerdem: Keimöl und etwas Mehl
Vanillezucker oder Vanillepuderzucker (siehe Tipp)

❄ Die kalte Butter in kleine Stücke schneiden, mit dem gesiebten Puderzucker, Salz und Vanillemark glatt kneten. Die Butter darf weder schaumig werden noch klumpen, am besten in eine Schüssel geben und mit der Hand arbeiten.

❄ Die Mandeln darüberstreuen und mit der Masse verkneten.

❄ Das gesiebte Mehl einarbeiten. Der Teig darf nicht mehr geknetet werden, sondern wird wie bei der Herstellung von Streuseln zwischen den Händen gerieben. Die so entstandenen Brösel auf ein Blech geben und zugedeckt über Nacht kühl stellen.

❄ Die Brösel schnell durchkneten und zu Rollen formen. Kleine Portionsstücke abschneiden, nebeneinander auf eine Platte legen und noch einmal kurz kalt stellen.

❄ Das Backblech leicht einölen und mit Mehl bestäuben.

❄ Die Teigstückchen auf der Arbeitsfläche oder in der Hand zu kleinen Würstchen mit zwei spitz zulaufenden Enden formen, ähnlich wie Schupfnudeln. Zu Kipferln biegen, mit ausreichendem Abstand auf das Blech setzen und 1 Stunde kalt stellen. Den Backofen auf 140 °C vorheizen.

❄ Die Kipferl im heißen Backofen in 15–20 Minuten sehr blass backen. Sie sind fertig, wenn man sie mit zwei Fingern vom Blech heben kann.

❄ Nach dem Herausnehmen sofort in Vanillezucker oder Vanillepuderzucker wenden und auf dem Kuchengitter abkühlen lassen.

❄ Die Vanillekipferl vorsichtig in eine Blechdose schichten, so hält sich das zarte Gebäck bis zu 6 Wochen.

ECKART WITZIGMANN: So kann man aromatischen Vanillepuderzucker selbst herstellen: Aufgeschlitzte Vanilleschoten, die man in Milch gekocht hat (z. B. für Eis oder Cremes), nach dem Auskratzen des Marks abwaschen und gut trocknen lassen. Die Schoten mit Zucker im Mixer so lange fein pürieren, bis sie völlig zerbröselt sind und der Zucker zu Puderzucker geworden ist.

ORANGENPLÄTZCHEN

FÜR ca. 50 STÜCK

Für den Teig: 375 g Butter • 200 g Puderzucker
abgeriebene Schale von 3 unbehandelten Orangen • 1 Prise Salz
Mark von 1 Vanilleschote • 20 ml Orangenlikör
50 g sehr fein gehacktes Orangeat • 600 g Mehl
150 g geschälte, fein gemahlene Mandeln • 1 Ei (50 g)

Außerdem: 200 g Zartbitterkuvertüre
250 g Orangen- oder Aprikosenkonfitüre • 2 EL Grand Marnier

❄ Die kalte Butter mit Puderzucker, Orangenschale, Salz, Vanillemark, Orangenlikör und Orangeat zu einer glatten Masse verkneten.

❄ Das gesiebte Mehl mit den Mandeln mischen und mit der Buttermasse wie bei der Herstellung von Streuseln zwischen den Händen verreiben. Zum Schluss das Ei zugeben und einen glatten Teig kneten.

❄ Den Teig zu einer Kugel formen, in Frischhaltefolie einschlagen und 3 Stunden im Kühlschrank kalt stellen. Den Backofen auf 160 °C vorheizen und das Backblech mit Backpapier auslegen.

❄ Den Teig auf einer bemehlten Arbeitsplatte messerrückendick ausrollen. Plätzchen in gewünschter Größe ausstechen, auf das Blech legen und ca. 20 Minuten backen. Die Kuvertüre im Wasserbad auflösen.

❄ Die Hälfte der Plätzchen halb in die geschmolzene Kuvertüre tauchen. Nach Belieben mit Stückchen kandierter Orangenschale verzieren . Die Kuvertüre antrocknen lassen.

❄ Die Konfitüre mit Grand Marnier verrühren und auf die übrigen Plätzchen tupfen. Die Schokoplätzchen daraufsetzen.

Kokosbusserl

FÜR ca. 50 STÜCK

220 g Kokosraspel • 20 g Mehl • 5 Eiweiß (150 g)
250 g Zucker • 1 TL Zitronensaft
abgeriebene Schale von 1/4 unbehandelten Zitrone
15 g sehr fein gehacktes Orangeat
kleine Backoblaten • 100 g Kuvertüre

❄ Die Kokosraspel und das Mehl mischen. Eiweiß und Zucker in eine Schüssel geben und unter Schlagen über dem leicht siedenden Wasserbad auf 50 °C erhitzen. Das Eiweiß darf auf keinen Fall zu heiß werden, da es sonst ausflockt.

❄ Das erhitzte Eiweiß mit dem Handrührgerät so lange schlagen, bis die Masse abgekühlt ist. Die Mehl-Kokos-Mischung nach und nach locker und gleichmäßig unterrühren. Zum Schluss das mit Zitronensaft und Zitronenschale vermischte Orangeat unter die Masse ziehen.

❄ Den Backofen auf 170 °C vorheizen. Das Backblech mit kleinen Oblaten belegen.

❄ Die Kokosmasse in den Spritzbeutel mit 8er Lochtülle füllen und auf die Oblaten dressieren. Auf der mittleren Schiene des heißen Backofens 8–10 Minuten backen. Die letzten 5 Minuten einen Kochlöffel zwischen Backofen und Ofentür klemmen und die Plätzchen bei leicht geöffneter Tür fertig backen.

❄ Die Kuvertüre fein hacken, im Wasserbad erwärmen, abkühlen lassen und erneut erwärmen. Die Oblatenseite der ausgekühlten Busserl mit der Kuvertüre bestreichen.

❄ Die Kokosbusserl mit der bestrichenen Oblatenseite nach oben auf ein Kuchengitter legen und trocknen lassen.

ECKART WITZIGMANN: Eine raffinierte Variante sind Himbeerkugeln (Foto oben). Dazu füllt man die Baisermasse in einen Spritzbeutel mit 5er Lochtülle, dressiert kleine Halbkugeln auf die Oblaten und backt wie oben beschrieben. Die Oblatenseite der erkalteten Plätzchen mit Himbeerkonfitüre bestreichen und jeweils zwei zu einer Kugel zusammensetzen.

Ischler Bäckerei

FÜR ca. 50 STÜCK

Für den Teig: 140 g Butter • 140 g Puderzucker • 1 Prise Salz
5 Tropfen Bittermandelöl • 1 Msp. gemahlener Zimt • 1 Eigelb (20 g)
140 g Mehl • 170 g geschälte, gemahlene Mandeln

Außerdem: 125 g Himbeerkonfitüre • 100 g Aprikosenkonfitüre
100 g geschälte, gehackte Mandeln • 150 g Halbbitterkuvertüre

❄ Die Zutaten für den Teig verarbeiten, wie bei den Linzer Plätzchen (Seite 30) beschrieben. Den Teig zu einer Kugel formen, in Frischhaltefolie einschlagen und über Nacht kühl stellen.

❄ Den Teig am nächsten Tag auf der bemehlten Arbeitsfläche rasch durchkneten und 3 mm dick ausrollen. Runde, gezackte Plätzchen ausstechen und auf ein mit Backpapier ausgelegtes Backblech legen. Noch einmal 10 Minuten kalt stellen.

❄ Den Backofen auf 150 °C vorheizen. Sobald die Temperatur erreicht ist, die Plätzchen in ca. 15 Minuten goldgelb backen. Herausnehmen und abkühlen lassen.

❄ Die Himbeer- und die Aprikosenkonfitüre getrennt durch ein feines Sieb passieren. Die Hälfte der Plätzchen mit Himbeerkonfitüre bestreichen.

❄ Die Aprikosenkonfitüre erhitzen und die restlichen Plätzchen damit bestreichen. Sofort in die gehackten Mandeln tauchen und auf die mit Himbeerkonfitüre bestrichenen Plätzchen setzen.

❄ Die Kuvertüre im Wasserbad auflösen. Eine Tüte aus Pergamentpapier formen, die flüssige Kuvertüre hineinfüllen und dünne Fäden über die Plätzchen spritzen.

NUSSRINGERL

FÜR ca. 20–30 STÜCK

Für den Teig: 120 g gemahlene Walnüsse
70 g gemahlene Haselnüsse • 50 g geschälte, gemahlene Mandeln
150 g Butter • 150 g Zucker • 250 g Mehl

Außerdem: etwas Marmelade oder Gelee
Puderzucker zum Bestäuben

❄ Die Nüsse in einer beschichteten Pfanne ohne Fettzugabe bei schwacher Hitze hell anrösten und auskühlen lassen.

❄ Die zimmerwarme Butter in kleinen Stücken mit dem Zucker vermengen, nach und nach die Nüsse und das Mehl unterrühren und einen Teig kneten.

❄ Den Backofen auf 160 °C vorheizen.

❄ Den Teig auf der bemehlten Arbeitsfläche ausrollen und Ringe ausstechen. Die Ringe auf ein mit Backpapier ausgelegtes Blech legen und so lange backen, bis sie leicht angebräunt sind.

❄ Die Nussringerl mit Marmelade oder Gelee bestreichen, je zwei zusammensetzen und mit Puderzucker bestäuben.

ROSINENPLÄTZCHEN

FÜR ca. 30 STÜCK
100 g Rosinen • 45 ml Rum
25 g Marzipanrohmasse
100 g Butter • 100 g Farinzucker
2 Eier (100 g) • 150 g Mehl • ½ TL Backpulver
100 g Aprikosenmarmelade

❄ Die Rosinen in 30 ml Rum einweichen. Marzipan, Butter und restlichen Rum zu einer glatten Masse kneten und mit Farinzucker weißschaumig aufschlagen. Dabei ein Ei nach dem anderen einlaufen lassen. Das gesiebte Mehl und Backpulver unterkneten.

❄ Den Backofen auf 200 °C vorheizen und das Backblech mit Backpapier auslegen.

❄ Den Teig in den Spritzbeutel mit 11er Lochtülle füllen und Plätzchen mit 3 cm Durchmesser auf das Backblech dressieren. Dabei genügend Zwischenraum lassen, da die Plätzchen aufgehen.

❄ Die Plätzchen mit je 3 eingeweichten Rosinen belegen und auf der mittleren Schiene des Backofens 10–15 Minuten backen. Die Aprikosenmarmelade kurz aufkochen, die noch heißen Plätzchen mit der Marmelade bepinseln und trocknen lassen.

❄ Die Plätzchen nach Belieben mit Fondantglasur überziehen.

Mürbeteig
MÜRBETEIG FÜR EINFACHE BUTTERPLÄTZCHEN

FÜR ca. 30–50 STÜCK (JE NACH GRÖSSE)
300 g Mehl • 100 g Puderzucker
1 Eigelb (20 g) • 200 g Butter

❄ Die Zutaten abmessen und rechtzeitig kalt stellen.
❄ Das Mehl auf die Arbeitsplatte sieben und in die Mitte eine Mulde drücken. Den Zucker in diese Mulde streuen und das Eigelb hineingleiten lassen.
❄ Nach Belieben gewünschte Aromen wie Vanillemark, Gewürze oder abgeriebene Schale von unbehandelten Zitronen oder Orangen dazugeben.
❄ Die kalte Butter in Stücke schneiden und auf den Mehlrand setzen. Alle Zutaten mit einem großen Messer gründlich durchhacken, dann mit kalten Händen schnell zu einem glatten Teig verkneten.
❄ Den Teig zu einer Kugel formen, in Frischhaltefolie wickeln und ca. 30 Minuten in den Kühlschrank legen.
❄ Den Backofen auf 200 °C vorheizen.
❄ Den Teig auf der bemehlten Arbeitsfläche ca. 3 mm dick ausrollen und mit einem bemehlten Ausstecher beliebige Formen ausstechen.
❄ Die Plätzchen auf ein gefettetes und bemehltes oder mit Backpapier ausgelegtes Backblech setzen und im heißen Backofen in ca. 10 Minuten goldgelb backen.

Walnusstaler

FÜR ca. 50 STÜCK

Für den Teig: 200 g Mehl • 120 g Puderzucker
200 g Butter • 100 g geriebene Walnüsse
abgeriebene Schale von ½ unbehandelten Zitrone
20 g Vanillezucker • 2 cl Rum

Außerdem: 100 g Marillenmarmelade
100 g Schokolade • halbierte Walnüsse zum Belegen

❄ Alle Zutaten für den Teig zu einem Mürbeteig (Seite 48) verarbeiten. Den Teig in Frischhaltefolie wickeln und ca. 30 Minuten kalt stellen.

❄ Den Teig auf der bemehlten Arbeitsplatte dünn ausrollen (ca. 2 mm) und Kreise im Durchmesser von 4 cm ausstechen. Die Kreise auf ein mit Backpapier ausgelegtes Blech legen und im vorgeheizten Backofen bei 175 °C ca. 13 Minuten backen.

❄ Die Plätzchen nach dem Erkalten mit Marmelade bestreichen und zusammensetzen. Auf jedes Plätzchen etwas temperierte Schokolade träufeln und eine halbe Walnuss daraufsetzen.

PISTAZIENGEBÄCK

FÜR ca. 70–80 STÜCK

Für den Teig: 100 g Butter • 100 g Puderzucker • 1 Prise Salz
Mark von ¼ Vanilleschote • abgeriebene Schale von 1 unbehandelten Zitrone
150 g Marzipanrohmasse • 20 g fein gemahlene Pistazien • 10 g Läuterzucker
2 Eier (100 g) • 150 g Mehl

Außerdem: 150 g Limonengelee • 200 g dunkle Kuvertüre
80 g fein gehackte Pistazien

❄ Die weiche Butter mit Puderzucker, Salz, Vanillemark und Zitronenschale schaumig schlagen.

❄ Marzipan und Pistazien mischen, mit Läuterzucker und den Eiern glatt arbeiten und unter die Buttermasse heben. Das gesiebte Mehl daruntermischen.

❄ Den Teig in den Spritzbeutel mit 4er Lochtülle füllen und Plätzchen in Form von Hörnchen auf ein mit Backpapier ausgelegtes Blech dressieren. Im vorgeheizten Backofen bei 200 °C 10–12 Minuten goldgelb backen.

❄ Die Plätzchen auskühlen lassen, mit durchpassiertem Limonengelee bestreichen und je 2 Plätzchen zusammensetzen.

❄ Die Kuvertüre im Wasserbad auflösen. Das Pistaziengebäck etwas in die flüssige Kuvertüre tauchen und mit Pistazien bestreuen.

Florentiner

FÜR ca. 100 STÜCK

Mürbeteig (Rezept Seite 48) • 125 g Sahne • 100 g Butter
4 EL Honig • 300 g Zucker • 300 g geschälte, gehobelte Mandeln • 160 g Orangeat
100 g grob gehackte, kandierte Kirschen • 200 g Schokolade

❄ Den Mürbeteig ausrollen, das Blech damit auslegen und einen gleichmäßigen Rand (ca. 2 cm) hochziehen. Den Teig mit der Gabel mehrmals einstechen und im vorgeheizten Backofen bei 165 °C blind (ohne Farbe) vorbacken.

❄ Für den Belag Sahne, Butter, Honig und Zucker aufkochen. Die Mandeln und das in Würfel geschnittene Orangeat unterrühren und die Masse ca. 3 Minuten köcheln lassen.

❄ Die kandierten Kirschen in die Masse geben und den Belag gleichmäßig auf dem Mürbeteig verteilen.

❄ Den belegten Mürbeteigboden im vorgeheizten Backofen bei 165 °C goldbraun backen. Abkühlen lassen und in 2,5 cm große Quadrate schneiden.

❄ Die Schokolade im Wasserbad temperieren und die Unterseite und den Rand der Florentiner mit der flüssigen Schokolade bestreichen.

Husarenkrapferl

FÜR ca. 40 STÜCK

Für den Teig: 175 g Butter • 110 g Puderzucker
Saft und Schale von 1 unbehandelten Zitrone • 4 Eigelb (80 g)
1 Ei (50 g) • 200 g Mehl • 80 g geschälte, gemahlene Mandeln

Außerdem: 125 g Johannisbeermarmelade
1 Eigelb (20 g) • 30 ml Milch • je 1 Prise Salz und Zucker

❄ Die handwarme Butter mit dem Puderzucker schaumig aufschlagen. Zitronensaft und Zitronenschale zugeben, Eigelb und Ei einzeln einlaufen lassen und unterrühren. Zum Schluss das gesiebte Mehl und die Mandeln einarbeiten. Den Teig zugedeckt 2 Stunden kalt stellen.

❄ Den Backofen auf 150–160 °C vorheizen. Das Backblech mit Backpapier auslegen.

❄ Den Teig in vier gleiche Stücke teilen und zu Rollen formen. Die Rollen in je 10 Stücke schneiden, die Stücke zu Kugeln formen und auf das Backblech setzen.

❄ In jede Kugel mit dem Stiel eines Holzlöffels eine Vertiefung drücken und etwas Marmelade hineingeben.

❄ Eigelb, Milch, Salz und Zucker verquirlen und die Plätzchen damit bestreichen.

❄ Die Husarenkrapferl in den Backofen geben und so lange backen, bis sie sich mühelos vom Backpapier lösen lassen.

❄ Gut ausgekühlt in Keksdosen aufbewahren.

HAFERBUSSERL

FÜR ca. 40 STÜCK

100 g Butter • 250 g kernige Haferflocken • 1 EL Honig
50 g brauner Zucker • 30 g geschälte, gemahlene Haselnüsse
20 g gemahlene Mandeln • 2 Eier (100 g) • 100 g Puderzucker
1 Pck. Vanillezucker • 60 g Mehl • ½ TL Backpulver • 1 EL Rum • ½ TL Zimt
20 g ungesalzener Puffreis • 1 TL Ingwerpulver • ½ TL Muskatblüte
etwas abgeriebene Schale einer unbehandelten Zitrone
Backoblaten • Zitronat • Orangeat

❄ 50 g Butter in der Pfanne erhitzen. Haferflocken, Honig und Zucker darin unter ständigem Rühren bei schwacher Hitze goldgelb anrösten. Die Haferflockenmischung auskühlen lassen.

❄ Haselnüsse und Mandeln ohne Fettzugabe leicht anrösten und auskühlen lassen.

❄ Die Eier mit dem Handrührgerät ca. 1 Minute aufschlagen, Puderzucker und Vanillezucker langsam darübersieben und 3–4 Minuten weiterschlagen, bis die Masse dick ist.

❄ Die restliche Butter zerlassen.

❄ Das gesiebte Mehl und das Backpulver unterrühren. Die flüssige Butter einrühren und den Rum mit einem Holzlöffel unterziehen.

❄ Die ausgekühlten Haferflocken zerbröseln, mit den Nüssen, Zimt, Puffreis, Ingwerpulver, Muskatblüte und Zitronenschale vermischen. In kleinen Portionen (½ Tasse) in die Eiermasse rühren.

❄ Mit 2 Kaffeelöffeln kleine Häufchen auf die Backoblaten setzen und mit fein gehacktem Zitronat und Orangeat belegen. Im vorgeheizten Backofen bei 160 °C in ca. 15 Minuten hellbraun backen.

ECKART WITZIGMANN: Wer mag, kann das Zitronat und Orangeat weglassen und die Busserl nach dem Backen mit Puderzucker bestreuen.

Elisenlebkuchen mit Fadenzuckerglasur

FÜR ca. 50 STÜCK

Für die Lebkuchen: 50 g gemahlene Haselnüsse • 50 g geschälte, gemahlene Mandeln • 300 g Zucker 250 g Marzipanrohmasse • 6 ½ Eiweiß (190 g) • 1 Prise Salz • 50 g Orangeat • 50 g Zitronat 60 g Mehl • 4–5 g Elisenlebkuchengewürz • 2 g Ammonium • Backoblaten (5 cm Durchmesser)

Für die Fadenzuckerglasur: 125 g Zucker • ¼ Vanilleschote

Für das Lebkuchengewürz: 20 g Zimt • 3 Gewürznelken • 2 g Kardamom 3 g Piment • ½ Vanilleschote

❄ Die gemahlenen Nüsse mit 200 g Zucker mischen. Das Marzipan mit 90 g Eiweiß glatt arbeiten und mit der Nuss-Zucker-Mischung zu einem geschmeidigen Teig verrühren.

❄ Das restliche Eiweiß mit Salz und einem Drittel des restlichen Zuckers zu einem festen, cremigen Schnee aufschlagen. Nach und nach den restlichen Zucker dazugeben, dabei das Eiweiß immer wieder fest werden lassen.

❄ Ein Drittel des Eischnees unter die Nussmasse rühren und den restlichen Eischnee unterziehen. Orangeat und Zitronat dazugeben. Das Mehl mit der Gewürzmischung vermengen und unter den Teig heben. Das Ammonium in 2 ml Wasser auflösen und unter den Teig rühren.

❄ Den Teig mit dem Spritzbeutel mit großer Lochtülle auf die Oblaten dressieren, dabei einen kleinen Rand frei lassen. Über Nacht ruhen lassen.

❄ Die Lebkuchen am nächsten Tag bei 170 °C ca. 20 Minuten backen. Nach dem Backen sofort mit Fadenglasur bestreichen oder alternativ nach dem Erkalten mit Kuvertüre überziehen.

❄ Für die Glasur den Zucker und die aufgeschnittene Vanilleschote mit 90 ml Wasser auf 105 °C erhitzen. Die heiße Glasur mit einem Pinsel auf das warme Gebäck aufstreichen. Dabei mit dem Pinsel mehrmals hin- und herfahren, so erhält die Glasur die weiße Färbung.

❄ Ohne Thermometer misst man den richtigen Kochgrad folgendermaßen: Mit einem Kochlöffel etwas Zucker aus dem Topf nehmen, zwei Finger in Eiswasser tauchen und den Zucker zwischen die Finger nehmen. Bildet sich beim Öffnen der Finger ein feines Fädchen, hat der Zucker die richtige Temperatur.

❄ Für das Lebkuchengewürz alle Zutaten entweder pulverisiert vermischen (nur das ausgekratzte Mark der Vanilleschote verwenden) oder im Blitzhacker pürieren (die Vanilleschote vorher über Nacht trocknen lassen). Die Gewürzmischung eignet sich auch für anderes weihnachtliches Gebäck.

FRÜCHTEBROT

FÜR 3 BROTE

250 g Feigen • 250 g Dörrpflaumen • 60 g Datteln
60 g Zitronat • 60 g Orangeat • 60 g gerösteter Walnussbruch
60 g geröstete Haselnüsse • 125 g Rosinen • 60 ml Rum

Für den Hefeteig: 50 g Hefe • 375 g Mehl • 75 g Zucker

❄ Am Vortag die klein geschnittenen Feigen, Dörrpflaumen und Datteln, das gewürfelte Zitronat und Orangeat, die gehackten Nüsse und die Rosinen in Rum marinieren.

❄ Für den Hefeteig 150 ml Wasser auf ca. 40 °C erwärmen und die Hefe darin auflösen. Mehl und Zucker dazugeben und zu einem glatten Teig verarbeiten. Den Teig warm stellen und unter einem Tuch aufgehen lassen (verdoppeln).

❄ Die marinierten Früchte und Nüsse unterheben und den Teig zu 3 Laiben je 500 g formen.

❄ Die Laibe erneut gehen lassen (verdoppeln) und im vorgeheizten Backofen bei 170 °C ca. 40 Minuten backen. (Am besten die »Klopfprobe« machen – das Brot muss hohl klingen!)

Schokoladenbohnen

SCHOKOLADENBOHNEN

FÜR ca. 40 STÜCK

Für den Teig: 40 g Zartbitterkuvertüre • 200 g Butter • 60 g Puderzucker
1 Prise Salz • 1 Msp. gemahlener Zimt • 3 Eigelb (60 g) • 200 g Mehl
40 g Speisestärke (z. B. Mondamin)

Außerdem: 500 g Haselnussnougat • 150 g Zartbitterkuvertüre

❄ Den Backofen auf 160 °C vorheizen. Zwei Backbleche mit Backpapier auslegen.

❄ Die Kuvertüre im Wasserbad auflösen und auf Zimmertemperatur abkühlen lassen.

❄ Die Butter mit Puderzucker, Salz und Zimt cremig, aber nicht zu schaumig rühren.

❄ Die Kuvertüre unterrühren und nach und nach das Eigelb dazugeben. Das Mehl mit der Speisestärke sieben und rasch mit dem Kochlöffel unter die Buttermasse ziehen.

❄ Den Teig in den Spritzbeutel mit 5er Lochtülle füllen. Kleine Bohnen auf das Backblech dressieren und im heißen Backofen 12–15 Minuten backen. Das Gebäck ist fertig, wenn es sich auf dem Papier verschieben lässt. Die Bohnen herausnehmen und abkühlen lassen.

❄ Das Nussnougat über dem Wasserbad erwärmen, bis es streichfähig ist. In den Spritzbeutel mit 3er Lochtülle füllen und etwas davon auf die Unterseite der Bohnen spritzen. Je zwei Bohnen zusammensetzen.

❄ Die Kuvertüre im Wasserbad auflösen und die beiden Enden der Bohnen in die flüssige Kuvertüre tauchen. Auf einem Kuchengitter abkühlen lassen.

ECKART WITZIGMANN: Wem die Nougatfüllung zu süß ist, setzt die Bohnen mit einer pikanten Konfitüre zusammen. Köstlich schmecken sie gefüllt mit Preiselbeer- oder Johannisbeerkonfitüre.

ANISTALER

FÜR ca. 90 STÜCK

150 g Butter • 150 g Zucker • 3 Eier (150 g)
abgeriebene Schale von ½ unbehandelten Zitrone
150 g Mehl • 1–2 EL Anissamen

❄ Die weiche Butter und den Zucker schaumig rühren. Nach und nach Eier und Zitronenschale dazugeben und alles zu einer schaumigen Masse schlagen. Das gesiebte Mehl löffelweise unterrühren.

❄ Den Backofen auf 200 °C vorheizen. Das Blech mit Backpapier auslegen.

❄ Den Teig in den Spritzbeutel mit 5er Lochtülle füllen und in einem größeren Abstand flache, runde Plätzchen auf das Blech dressieren.

❄ Die Plätzchen mit Anissamen bestreuen und in wenigen Minuten backen, bis sie eine hellgelbe Farbe angenommen haben.

ZWEI VARIANTEN: Spritzt man die Masse in fingerdicken Streifen auf das Blech und lässt die Anissamen weg, gibt's die so genannten »Hobelspäne«. Oder man biegt die noch warmen Anisplätzchen gleich nach dem Backen über einen Kochlöffelstiel. So werden aus den Anisplätzchen »Anisscharten«.

MOHNKIPFERL

FÜR ca. 50 STÜCK

Für den Teig: 50 g geschälte, gemahlene Mandeln • 250 g Butter • 100 g Puderzucker
100 g fein gemahlener Bio-Mohn • 1 TL Vanillezucker (Bourbonvanille)
½ TL abgeriebene Schale einer unbehandelten Zitrone • 1 Msp. Zimt • 300 g Mehl

Außerdem: 150 g Puderzucker • 2 Pck. Vanillezucker

❄ Die Mandeln in einer beschichteten Pfanne ohne Fettzugabe leicht anrösten und auskühlen lassen.

❄ Die zimmerwarme Butter und den fein gesiebten Puderzucker mit den Händen oder mit dem Handrührgerät vermengen und kneten. Mandeln, Mohn, Vanillezucker, Zitronenschale und Zimt dazugeben.

❄ Nach und nach das gesiebte Mehl untermengen und alles zu einem glatten Teig verkneten. Den Teig in Frischhaltefolie wickeln und mindestens 1 Stunde kühlen lassen.

❄ Den Teig auf der bemehlten Arbeitsfläche zu Kipferln formen, wie im Rezept »Vanillekipferl« auf Seite 36 beschrieben.

❄ Die Mohnkipferl auf ein mit Backpapier ausgelegtes Backblech legen und im vorgeheizten Ofen bei 160 °C ca. 15 Minuten backen.

❄ Die noch heißen Plätzchen mit der Mischung aus Puder- und Vanillezucker bestreuen.

Mandelspekulatius

Für ca. 60–80 Stück

Für den Teig: 500 g Mehl • 250 g Rohrzucker • ½ TL Hirschhornsalz
1 Prise Salz • 1 TL Zimtpulver • 1 Msp. Nelkenpulver
100 g geschälte, geriebene Mandeln • 2 Eier • 2 EL Rum • 250 g Butter

Außerdem: Mehl zum Bestäuben • etwas Milch • evtl. Mandelblättchen

❄ Das Mehl sieben, mit Rohrzucker, Hirschhornsalz, Salz, Zimtpulver, Nelkenpulver und Mandeln vermischen.

❄ Die Eier und den Rum einarbeiten, die kalte, in kleine Würfel geschnittene Butter einkneten und zu einem glatten Teig verarbeiten.

❄ Den Teig zu einer Kugel formen, in Frischhaltefolie wickeln und ca. 1 Stunde lang im Kühlschrank ruhen lassen.

❄ Den Backofen auf 170 °C vorheizen.

❄ Die Holzmodeln und 2 Backbleche mit Mehl bestäuben.

❄ Den Teig mit dem Rollholz fest in die Modeln drücken. Die Ränder abschneiden, so dass nur die Vertiefungen ausgefüllt sind. Die Figuren aus den Modeln klopfen und auf die Backbleche legen. Mit etwas Milch bestreichen und nach Belieben mit Mandelblättchen belegen.

❄ Auf der mittleren Schiene 10 – 12 Minuten backen. Die Spekulatius mit einer breiten Palette oder mit einem breiten Messer vom Backblech heben.

Eckart Witzigmann: Die Holzmodeln gibt's in guten Haushaltsgeschäften zu kaufen.

Weihnachtsstollen

Für 2 Stück

100 g geschälte, geröstete Mandelstifte • 150 g Rosinen
80 g Zitronat • 80 g Orangeat • 100 ml Rum

Für den Teig: ⅛ l Milch • 60 g Hefe • 500 g Mehl • 60 g Zucker
1 Eigelb (20 g) • 10 g Salz • 10 g Stollengewürz • 2 g gemahlene Tonkabohne
1 Vanilleschote • Zitronenschale und Orangenschale • 250 g Butter

Außerdem: 200 g Butter • 150 g Vanillezucker • 70 g Puderzucker

❄ Mandeln, Rosinen und das in Würfel geschnittene Zitronat und Orangeat über mehrere Tage in Rum marinieren.

❄ Für den Hefeteig die Milch auf ca. 40 °C erwärmen und die Hefe darin auflösen. Das Mehl dazugeben und zu einem glatten Teig verarbeiten. Den Teig warm stellen und unter einem Tuch aufgehen lassen (verdoppeln).

❄ Zucker und Eigelb, Salz, Stollengewürz, Tonkabohne, das ausgekratzte Mark der Vanilleschote, Zitronen- und Orangenschale mit dem Hefeteig verrühren.

❄ Die weiche Butter dazugeben und den Teig so lange kneten, bis er sich vom Schüsselrand löst und glatt und seidig ist. Wieder zugedeckt aufgehen lassen (verdoppeln).

❄ Die marinierten Früchte und Mandeln einarbeiten und den Teig zu 2 Stollen je 450 g formen. Erneut aufgehen lassen (verdoppeln) und im vorgeheizten Backofen bei 180 °C ca. 35 Minuten backen.

❄ Die Stollen noch heiß mit flüssiger Butter bestreichen und in Vanillezucker wälzen. Nach dem Erkalten mit Puderzucker bestreuen.

SCHOKOGEBÄCK

FÜR ca. 50–60 STÜCK

Für den Teig: • 200 g Butter • 80 g Puderzucker
20 g Vanillezucker • 1 Prise Salz • 4 Eigelb (80 g)
20 g Kakaopulver • 200 g Mehl

Außerdem: 250 g Sahne • 250 g Zartbitterkuvertüre • Haselnüsse zum Belegen

❄ Den Backofen auf 160 °C vorheizen und das Backblech mit Pergamentpapier auslegen. (Backpapier eignet sich nicht, da die Plätzchen zu sehr auseinanderlaufen würden.)

❄ Die Butter mit Puderzucker, Vanillezucker und Salz sahnig rühren, keinesfalls zu schaumig aufschlagen. Nach und nach das Eigelb dazugeben und das mit Kakao vermischte Mehl rasch unterrühren.

❄ Den Teig in den Spritzbeutel mit 7er Lochtülle füllen und Plätzchen im Durchmesser von 2 cm auf das Blech dressieren. Im Backofen 10–15 Minuten backen. Herausnehmen und abkühlen lassen.

❄ Die Sahne aufkochen und die gehackte Kuvertüre darin auflösen. Mit dem Handrührgerät gründlich vermischen, aber nicht zu schaumig schlagen. In eine Schüssel umfüllen und unter gelegentlichem Rühren erkalten lassen.

❄ Die Schokoladenmasse in den Spritzbeutel mit 4er Sterntülle füllen. Je eine kleine Rosette auf die Unterseite eines Plätzchens spritzen und mit einem zweiten Plätzchen zusammensetzen.

ECKART WITZIGMANN: Wer es noch schokoladiger mag, taucht das Gebäck (Foto) in die flüssige Kuvertüre und lässt es auf dem Küchengitter abtropfen. Mit je einer Haselnuss verzieren.

Der Duft nach Weihrauch und Bratäpfeln

Von Karl Heinrich Waggerl

Advent, sagt man, sei die stillste Zeit im Jahr. Aber in meinem Bubenalter war es keineswegs die stillste Zeit. Zu Anfang Dezember, in den unheimlichen Tagen, während Sankt Nikolaus mit dem Klaubauf unterwegs war, wurde ich in den Wald geschickt, um den Christbaum zu holen. Mit Axt und Säge zog ich aus, von der Mutter bis zum Hals in Wolle gewickelt und mit einem geweihten Pfennig versehen, damit mich ein heiliger Nothelfer finden konnte, wenn ich mich etwa verirrte. Ein Wunder von einem Baum stand mir vor Augen, mannshoch und sehr dicht beastet, denn er sollte nachher ja auch etwas tragen können. Stundenlang kroch ich im Unterholz herum, aber ein Baum im Wald sieht sich ganz anders an als einer in der Stube. Wenn ich meine Beute endlich daheim in die Waschküche schleppte, hatte sich das schlanke, pfeilgerade Stämmchen doch wieder in ein krummes und kümmerliches Gewächs verwandelt, auch der Vater betrachtete es mit Sorge. Er musste seine ganze Zimmermannskunst aufwenden, um das Ärgste zurechtzubiegen, ehe uns die Mutter dazwischenkam.

Ach, die Mutter! In diesen Wochen lief sie mit hochroten Wangen herum, wie mit Sprengpulver geladen, und die Luft in der Küche war sozusagen geschwängert, mit Ohrfeigen. Dabei roch die Mutter so unbeschreiblich gut, überhaupt ist ja der Advent die

Zeit der köstlichen Gerüche. Es duftet nach Wachslichtern, nach angesengtem Reisig, nach Weihrauch und Bratäpfeln. Ich sage ja nichts gegen Lavendel und Rosenwasser, aber Vanille riecht doch eigentlich viel besser, oder Zimt und Mandeln.

Mich ereilten dann die qualvollen Stunden des Teigrührens. Vier Vaterunser das Fett, drei die Eier, ein ganzer Rosenkranz für Zucker und Mehl. Die Mutter hatte die Gewohnheit, alles Zeitliche in ihrer Kochkunst nach Vaterunsern zu bemessen, aber die mussten laut und sorgfältig gebetet werden, damit ich keine Gelegenheit fände, den Finger in den köstlichen Teig zu tauchen. Wenn ich nur erst den Bubenstrümpfen entwachsen wäre, schwor ich mir damals, dann wollte ich eine ganze Schüssel voll Kuchenteig aufessen, und die Köchin sollte beim geheizten Ofen stehen und mir dabei zuschauen müssen! Aber leider, das ist einer von den Knabenträumen geblieben, die sich nie erfüllt haben.

Am Abend nach dem Essen wurde der Schmuck für den Christbaum erzeugt. Auch das war ein unheilschwangeres Geschäft. Damals konnte man noch ein Buch echten Blattgoldes für ein paar Kreuzer beim Krämer kaufen. Aber nun galt es, Nüsse in Leimwasser zu tauchen und ein hauchdünnes Goldhäutchen herumzublasen. Das Schwierige bei der Sache war, dass man vorher nirgendwo Luft von sich geben durfte. Wir saßen alle in der Runde und liefen blaurot an vor Atemnot, und dann geschah es eben doch, dass plötzlich jemand niesen musste. Im gleichen Augenblick segelte eine Wolke von glänzenden Schmetterlingen durch die Stube. Einerlei, wer den Zauber verschuldet hatte, das Kopfstück bekam jedenfalls ich, obwohl es nur bewirkte, dass sich der goldene Unsegen von Neuem in die Luft hob. Ich wurde dann in die Schlafkammer verbannt und musste Silberpapier um Lebkuchen wickeln.

Es kam endlich doch der Heilige Abend, und mit ihm die letzte der Prüfungen, das Bad in der Küche. Das fing ganz harmlos an, ich saß im Zuber wie ein gebrühtes Schweinchen und plätscherte verschämt mit dem Wasser, in der Hoffnung, dass ich nun doch schon groß genug sei, um der Schande des Gewaschenwerdens zu entgehen. Aber plötzlich fiel die Mutter wieder mit der Reisbürste über mich her, es half nichts, kein Gezeter und Gespreize. Erst in der äußersten Not erbarmte sich der Vater und nahm ein bis zur Unkenntlichkeit entstelltes, ein durchscheinendes Geschöpf in seine Arme. Da war sie nun wirklich, die stillste Zeit im Jahr, wirklich Stille und Friede und köstliche Geborgenheit an seiner breiten Brust. Später, wenn die Kerzen am Baum längst erloschen waren, um die Mitternacht, durfte ich die Mutter zur Mette begleiten. Ich weiß noch gut, wie stolz ich war, als sie mich zum erstenmal nicht mehr an der Hand führte, sondern mich neben sich hergehen ließ als ihren Sohn und Beschützer. Auch in der Kirche kniete ich nun auf der Männerseite. Die Frauen sangen auf dem Chor und der Pfarrer am Altar hielt eine Weile inne, um das Weihnachtslied anzuhören, diese holde Weise von der stillen Nacht, die schon so lang, über Grenzen und Zeiten hinaus, das Gemüt der Menschen bewegt. Und wir Heutigen? Leben wir nicht auch in einer Weltzeit des Advent? Scheint uns nicht alles von der aufkommenden Finsternis bedroht zu werden, das karge Glück unseres Daseins? Wir warten bang auf den Engel mit der Botschaft des Friedens und überhören so leicht, dass diese Botschaft nur denen gilt, die guten Willens sind. Es ist keine Hilfe und keine Zuflucht bei der Weisheit der Weisen und bei der Macht der Mächtigen. Denn der Herr kam nicht zur Welt, damit die Menschen weiser, sondern damit sie gütiger würden. Und darum sind es allein die Kräfte des Herzens, die uns vielleicht noch werden retten können.

Aus: Karl Heinrich Waggerl,
Das ist die stillste Zeit im Jahr,
Salzburg 1956

Wer Klopfet an?

Einer der schönsten Bräuche in unseren Bergen – das sogenannte Anklöckeln – geht auf die Herbergssuche von Josef und Maria zurück. Kinder und Erwachsene zogen und ziehen vielerorts auch heute noch an den letzten drei Donnerstagen vor Weihnachten von Haus zu Haus und singen Weihnachtslieder, sagen Gedichte auf und sprechen Segenswünsche aus. Bei uns gehörte das Lied der Herbergssuche zum festen Repertoire, und es fehlt auch beim berühmten »Salzburger Adventsingen« im Festspielhaus in keinem Jahr. Es wird mit verteilten Rollen gesungen: Josef und Maria von hellen Kinder- oder Frauenstimmen, der Part des hartherzigen Wirts von einem Erwachsenen mit Bass oder Bariton:

Wirt: Wer klopfet an?
Josef und Maria: O, zwei gar arme Leut!
Wirt: Was wollt ihr dann?
Josef und Maria: O, gebt uns Herberg heut!
O, durch Gottes Lieb wir bitten,
öffnet uns doch eure Hütten!
Wirt: O, nein, o, nein!
Josef und Maria:: O, lasset uns doch ein!
Wirt: Das kann nicht sein.
Josef und Maria: Wir wollen dankbar sein!
Wirt: Nein, nein, nein,
es kann nicht sein.
Da geht nur fort, ihr kommt nicht rein.

Wirt: Wer vor der Tür?
Josef und Maria: Ein Weib mit ihrem Mann.
Wirt: Was wollt ihr denn?
Josef und Maria: Hört unser Bitten an!
Lasset heut bei euch uns wohnen,
Gott wird euch schon alles lohnen!
Wirt: Was zahlt ihr mir?
Josef und Maria: Kein Geld besitzen wir!
Wirt: Dann geht von hier!
Josef und Maria: O, öffnet uns die Tür!
Wirt: Ei, macht mir kein Ungestüm,
da packt euch,
geht woanders hin!

Herbergssuche in der Hotel-Hochburg Bad Gastein? Für uns Kinder war das immer eine merkwürdige Vorstellung.

Je nachdem, wie diese Anklöcklergruppen zusammengesetzt sind oder waren, erwarteten sie andere Gaben. Der »Bariton«-Wirt hoffte auf einen Schnaps (am besten einen selbst gebrannten von der Vogelbeere), die Kinder hingegen spitzten auf Plätzchen, Lebkuchen oder das hausgemachte Kletz'nbrot, für das jeder Hof sein ganz eigenes Rezept hatte. Im Lauf der Jahre hatte sich meist auch schon herumgesprochen, wo die besten Bäckerinnen daheim waren, und dort wurde natürlich besonders schön gesungen und rezitiert. Geizige Bäuerinnen und Bäckerinnen, die den Anklöcklern die zu dunkel geratenen Plätzchen – »Ofenkrüppel« genannt –, die zerbrochenen Vanillekipferl und nur Gebäck ohne Schokoladenglasur gönnten, denen drohte die Gefahr, im Ort und in der ganzen Gemeinde »ausgerichtet«, mit bösem Klatsch überzogen zu werden. Deshalb konnten die Sänger sicher sein, nur vom Besten zu bekommen. Schon allein dieser Brauch weckte den Ehrgeiz aller Weihnachtsbäckerinnen so sehr, dass es mancherorts geradezu in eine Art Wettbewerb ausartete, die besten Plätzchen zu haben. Den Männern – schauten sie auch sonst noch so sehr auf jeden Groschen – war es zu Weihnachten jedenfalls recht, auf diese Weise durch das Dorfgetratsche bestätigt zu bekommen, dass sie eine gute und geschickte »Hauserin« geheiratet hatten. Um all die Gaben tragen zu können, hatten die anklöckelnden Mädchen oft Schürzen über ihre Wintermäntel gebunden, um alles zum nächsten Haus und dann nach Hause bringen zu können. Der Brauch des Anklöckelns hatte seinen Ursprung eigentlich in der Armut vieler Leute, die sich so singend ihre Christtagsfreuden holen gingen. Die Advents- und Weihnachtszeit machte in früheren Zeiten in allen Gemeinden deutlich, wer ein wahrer Christenmensch war und ein Herz für die armen Sänger hatte, also diejenigen, die nicht zu den »Wirten« mit einem Stein in der Brust gehörten. Deshalb gab es noch bis in die jüngste Zeit den Brauch der letzten »Bäck«. Früher durfte nur bis zum Thomastag, dem 21. Dezember, Brot gebacken werden, danach herrschte Backverbot bis mindestens Heilig Drei König. Je nach Haushaltsgröße wurden deshalb entsprechend viele »Leg« gebacken – das ist die Anzahl der Brotlaibe, die bei einem Backvorgang in den Ofen passen. Bei einem durchschnittlich großen Backofen waren das neun bis zwölf Laibe – nur selten waren es in Salzburg Wecken. Mit der letzten Leg wurde das Brot für die Armen in der Gemeinde mitgebacken. Jede Bäuerin und Brotbäckerin hatte dabei ihre eigene »March« als Erkennungszeichen: Kringel, Kreuze oder andere Markierungen, die auf die Brotlaibe geritzt oder mit der Gabel gestochen wurden. So wusste jedermann zu jeder Zeit, wessen Brot er da gerade aß. Oft wurde das Brot dann auf der Tenne unter Getreidehaufen oder in Getreidetruhen oder -säcken aufbewahrt, weil es so die richtige Feuchtigkeit behielt und nicht hart wurde.

Der Brauch des Anklöckelns ist übrigens nicht mit dem der »Glöckler« zu verwechseln, die im neuen Jahr von Haus zu Haus ziehen und eher den Schönperchten zuzurechnen sind. Dem strengen Brauch nach handelt es sich dabei um zwölf unverheiratete Burschen, die weiß gekleidet sind und Glocken an ihren Ledergürteln tragen. Je mehr und je größer, umso besser. Bei den Glöcklern geht es ums Lärmmachen zum Zwecke der Vertreibung böser Geister. Mit Gebäck kann man ihnen keine Freude machen – ihnen steht der Sinn eher nach Hochgeistigem in flüssiger Form.

Ich musste nicht anklöckeln und auch nicht singen, wenn ich schon vor Weihnachten an die Köstlichkeiten herankommen wollte.
Es kam auf den richtigen Moment an, um sie aus den Blechdosen auf dem Schrank zu stibitzen!

Bethlehem ist überall

Mein Vater wollte mich immer zum Basteln anhalten, wofür ich wenig Talent und noch weniger Geduld hatte. Der Stall einer Weihnachtskrippe sollte mein Meisterstück werden.

Die Weihnachtskrippe war und ist in vielen Salzburger Familien der ganze Stolz. Da gibt es prachtvolle Erbstücke, die schon seit Generationen im Haus sind und sich mit den Ausstellungsstücken großer Museen durchaus messen können. Gleichgültig, ob künstlerisch wertvoll oder Mittelmaß, geerbt oder selbst gebastelt, handgeschnitzt, aus bemaltem Gips oder – wie in unserer Jugend – aus Plastilin geformt: Jedes Jahr wieder bedurfte die Krippe einer aufmerksamen Begutachtung. Irgendwo ist immer Farbe abgeblättert, ist das Stroh in der Krippe unansehnlich geworden, hat Marias Mantel einen Riss oder ein Schaf einen gebrochenen Fuß. Die notwendigen Reparaturarbeiten – von denen auch Karl Heinrich Waggerl in seiner Geschichte auf Seite 85 erzählt – werden geradezu zelebriert. Da versammelt sich die ganze Familie an einem Abend im Dezember um den Tisch, denn das Herrichten der Krippe ist eine der wenigen vorweihnachtlichen Tätigkeiten, die auch die Kinder nicht ausschließt. Meist ist es die Stunde des Vaters, unter dessen mehr oder weniger strengen Anleitungen mit Schere, Alleskleber und Farben hantiert wird.

Abgesehen von den feststehenden Protagonisten – dem Christuskind, Maria und Josef, Ochs und Esel, den Hirten und ihren Schafen – setzen Weihnachtskrippen der dramaturgischen Phantasie keine Grenzen. So eine Krippe kann allerorten angesiedelt sein: Bethlehem ist überall. Bei uns in den Bergen ist die Heilige Familie meistens in Holzställen untergebracht, in Bretterverschlägen, durch die der Wind

pfeifen kann, in Almhütten oder in halb offenen Höhlengebilden aus leimgestärktem Leinen und Pappmaché. In unseren Gebirgskrippen herrscht meistens Winter, was die Kinder mit viel Watte auf den Dächern und Bäumchen deutlich machen. In bürgerlichen Familien – vor allem in größeren Dörfern und Städten – sind die Weihnachtskrippen oft auch im Heiligen Land angesiedelt. Was nicht nur die Bauweise des Stalls, die Architektur des Hintergrunds und die Vegetation deutlich machen, sondern auch das »Personal«. Da findet sich neben Burnus tragenden Hirten so manches Kamel, und selbst Löwen und Giraffen – welch geographischer Fehlgriff! – wurden schon gesichtet. Auch die Figuren, die sich um das Windelkind versammeln, sind in so mancher Krippe recht eigenwillige Gestalten. Da hat sich schon mal ein Zinnsoldat, ein Nussknacker, eine kleine »Negerpuppe« oder ein besonders geliebtes Blechspielzeug hinverirrt, um von Weihnacht zu Weihnacht erneut in der Krippe Zuflucht zu finden.

Bei unseren Salzburger Familienkrippen musste immer die Armut des Jesuskindes erkennbar sein. Schließlich stammt es aus einer Familie, die sich keine Herberge leisten konnte. Deshalb wurde es auch zuerst vom einfachen Volk besucht, von Hirten und Bauern, bevor nach zwölf Tagen endlich auch die Heiligen Drei Könige mithilfe des Sterns dorthin fanden. Der Aspekt der Armut war auch für Franz von Assisi Anlass für eine Krippendarstellung, die er zur Weihnachtszeit im Jahre 1223 mit lebendigen Personen und Tieren in Szene setzte. Was dann in ganz Europa – mancherorts bis in unsere Tage – begeistert Nachahmung fand.

Vor den großen, prächtigen Weihnachtskrippen in unseren Kirchen versammeln sich Kinder heute gern und staunen, was es da alles zu entdecken gibt. So viel mehr als bei der kleinen Krippe, die sie von zuhause kennen: Hirten, die kleine, verirrte Lämmer retten; Jäger, die einen Wilderer mit der Büchse verfolgen; Bauern, die ihre Knechte an den Ohren ziehen, weil sie voller Neugier zu nahe an die Krippe herangerückt sind; raufende Hunde, kleine Kätzchen vor Milchschüsselchen, stolze Reiter und kleine Putten, die den Verkündigungsengel am Himmel umschwirren. Vor so einer großen Kirchengrippe wollen die geflüsterten Kinderfragen kein Ende nehmen. Und eine fehlt beim Anblick des nackten, nur in Windeln gewickelten Christkinds nie: »Friert das Jesuskind denn nicht, so nackt und bei der Kälte?« Die verschiedenen Krippen-Inszenierungen gehören zum schönsten Brauchtum der Weihnachtszeit – gleichgültig vor welchem Hintergrund und von welch künstlerischer Qualität, ob ganz einfach und nur auf die Heilige Familie konzentriert oder voller aufwändiger Einzelszenen.

Der Engel
am Haar meiner Schwester

Von Karl Heinrich Waggerl

Am zweiten Sonntag im Advent stieg der Vater auf den Dachboden und brachte die große Schachtel mit dem Krippenzeug herunter. Ein paar Abende hindurch wurde dann fleißig geleimt und gemalt, etliche Schäfchen waren lahm geworden und der Esel musste einen neuen Schwanz bekommen, weil er ihn in jedem Sommer abwarf, wie ein Hirsch sein Geweih. Aber endlich stand der Berg wieder wie neu auf der Fensterbank, mit glänzendem Flitter angeschneit, die mächtige Burg mit der Fahne auf den Zinnen und darunter die Stadt. Das war eine recht gemütliche Behausung, eine Stube eigentlich, sogar der Herrgottswinkel fehlte nicht und ein winziges ewiges Licht unter dem Kreuz. Unsere Liebe Frau kniete im seidenen Mantel vor der Krippe, auf der Strohschütte lag das rosige Himmelskind, und hinten standen Ochs und Esel und beglotzten das Wunder. Der Ochs bekam sogar ein Büschel Heu ins Maul gesteckt, aber er fraß es ja nie. Und so ist es mit allen Ochsen, sie schauen nur und schauen, und begreifen rein gar nichts.

Weil der Vater selber Zimmermann war, hielt er viel darauf, dass auch sein Patron, der hl. Joseph, nicht nur so herumlehnte, er dachte sich in jedem Jahr ein anderes Geschäft für ihn aus. Joseph musste Holz hacken oder die Suppe kochen oder mit der Laterne die Hirten einweisen, die von überall her gelaufen kamen und Käse mitbrachten oder Brot oder was sonst arme Leute zu schenken haben.

Es hauste freilich ein recht ungleiches Volk in unserer Krippe: ein Jäger, der zwei Wilddiebe am Strick hinter sich herzog, aber auch etliche Zinnsoldaten und der Fürst Bismarck und überhaupt alle Bresthaften aus der Spielzeugkiste. Oben, hinter den Zinnen durfte immer mein grüner Frosch aus Seife sitzen. Es war ihm wohl zuzutrauen, dass er ein paar Wochen lang nicht quaken, sondern bellen würde wie ein braves Hündchen. Ganz zuletzt kam der Augenblick, auf den ich schon tagelang gelauert hatte. Der Vater klemmte plötzlich meine Schwester zwischen die Knie, und ich durfte ihr das längste Haar aus dem Zopf ziehen. Dann wurde ein golden gefiederter Engel darangeknüpft und über der Krippe aufgehängt, damit er sich unmerklich drehte und wachsam umherblickte.

Das Gloria sangen wir selber dazu. Es klang vielleicht ein bisschen grob in unserer breiten Mundart, aber Gott schaut seinen Kindern ja ins Herz und nicht in den Kopf oder aufs Maul. Und es ist auch gar nicht so, dass er etwa nur Latein verstünde.

Aus: Karl Heinrich Waggerl,
Das ist die stillste Zeit im Jahr,
Salzburg 1956

Die Zeit der Engel

In meiner Kindheit wurde sogar der hl. Nikolaus von einem Engel begleitet. Er war, neben dem unvermeidlichen Krampus, ebenso an der Seite des Gabenbringers wie der »Guezelmann«, der die Gaben für den Nikolaus verteilte. Trotzdem hat mich immer der Engel am meisten fasziniert.

Engel sind Boten Gottes. Die ersten, die uns »begegnet« sind, waren die Schutzengel. Sie sollen vor Unglück und Sünde bewahren, wie man uns sagte. Daneben gibt es ganze Heerscharen von Engeln, so viele, dass sogar eine Rangordnung für sie geschaffen werden musste. Über die Art, von der Engel sind, wurde schon vor Urzeiten sogar von Gelehrten philosophiert und debattiert. In einem berühmten Streit ging es doch tatsächlich einmal darum, wie viele Engel auf einer Nadelspitze Platz fänden. Einige Engel stehen Gott näher als andere – sie wurden vom Herrn für besondere Aufgaben ausgewählt. Das sind die Erzengel. Einer von ihnen ist Gabriel, der Engel der Verkündigung. Er hat nicht nur Maria und Josef über die bevorstehende Geburt Jesu informiert, sondern auch die Hirten auf dem Felde, die es weitersagen sollten. Deshalb wird der Erzengel Gabriel zu Weihnachten mit einer Schriftrolle abgebildet, und wir singen in der Kirche seinen Text:

Vom Himmel hoch, da komm ich her.
Ich bring euch gute neue Mär,
der guten Mär bring ich so viel,
davon ich sing'n und sagen will.

Euch ist ein Kindlein heut gebor'n
von einer Jungfrau auserkor'n,
ein Kindelein so zart und fein,
das soll eu'r Freud' und Wonne sein.

Es ist der Herr Christ, unser Gott,
der will euch führ'n aus aller Not,
er will eu'r Heiland selber sein,
von allen Sünden machen rein.

Diese zentrale Nachricht des christlichen Glaubens gehört zu den schönsten weihnachtlichen Kirchenliedern überhaupt – nur wenige werden mit derselben Inbrunst gesungen wie dieses. Und für Kinder ist daran besonders wichtig, dass es der Text eines Engels ist. Denn zu keiner Jahreszeit spielen diese himmlischen Wesen eine größere Rolle. Nicht ohne Grund thronen auf den Spitzen der meisten Weihnachtsbäume Engel, und über fast allen Krippen schwebt ein Engel.

Neben ihrer Krippe hüten in Salzburg viele Familien auch einen barocken Weihnachtsengel wie einen besonderen Schatz. Gesicht und Hände dieser Engel sind aus Wachs geformt, das Haupt ist mit echtem, gelocktem Blondhaar versehen und das Gewand aus goldfadendurchwirktem Brokat mit wundervollem, großzügigem Faltenwurf. Die Krönung sind jedoch die Flügel: Sie bestehen aus echten Federn. Manchmal sind sie weiß, manche aber auch vergoldet. In den Händen hält der Verkünder entweder eine Pergamentschriftrolle, ganz selten auch eine Lilie aus Seide oder Seidenpapier. Mit dieser Blume der Unschuld und Jungfräulichkeit wird der Engel Gabriel oft auch in der Malerei abgebildet – ein Hinweis auf Maria, die Mutter Jesu, und deren Reinheit. Barocke Salzburger Weihnachtsengel sind bis zu fünfzig Zentimeter hoch und sehr wertvoll. Inzwischen sind sie Raritäten und oft vom »Rauschgoldengel« abgelöst worden, der aus Nürnberg auch zu uns gekommen ist. Der trägt einen gefältelten, goldenen Rock, seine Flügel sind aus flachem Goldkarton. Der Weihnachtsengel wird in der letzten Adventswoche aufgestellt und behält seinen Platz bis Heilig Drei König.

Ganz besonders auf Kinder haben Engel zur Weihnachtszeit schon immer eine große Faszination ausgeübt. Egal ob in Geschichten, Büchern, als Geschenkanhänger, Weihnachtskarten oder als Christbaumschmuck: Kinder lieben Engel. Auch Keksausstecher in Engelform hat es früher in jedem Haushalt gegeben. Ein noch heute beliebtes Kinderspiel ist es, sich bei hohem Neuschnee mit ausgebreiteten Armen in das frische Weiß fallen zu lassen und dabei mit den Armen leicht auf dem Schnee zu rudern. Der Körperabdruck, der dabei entsteht, ähnelt dem eines Engels, der aus den Wolken gefallen ist. Ein himmlischer Spaß für Groß und Klein. Und so ist es auch nicht verwunderlich, dass ein Engellied eines der meistgesungenen Weihnachtslieder bei uns in Österreich ist:

Es hat sich eröffnet, das himmlische Tor,
die Engelein, die kugalan ganz haufenweis hervor,
die Bubalan, die Madalan, die mach'n Purzigagalan
bald aufi bald abi bald hin und bald her,
bald unterschi bald überschi, das freut sie um so mehr
Halleluja, halleluja, alle, alleluja.

Weihnachten bei den Grosseltern

Die alten Christbaumkugeln durften wir Kinder nur anschauen – ja nicht anfassen. Das haben wir dann heimlich getan, wenn uns niemand beobachtet hat. Natürlich mit schlechtem Gewissen.

Lange bevor der prächtige, gläserne Christbaumschmuck aus Thüringen und Gablonz auch zu uns in die armen Berggegenden kam, sahen unsere Weihnachtsbäume ganz anders aus. Unsere Urgroßeltern bastelten den Baumschmuck noch selbst: Der einzige Baumbehang waren Äpfel – manchmal echte, manche aber auch aus Pappmaché –, an Bändern aufgehängte Nüsse und mit Mandeln verzierte, selbst gemachte Lebkuchen sowie Tannen- und Lärchenzapfen, die nur gesammelt und mit dünnem Draht am Baum befestigt werden mussten. Back- und Zuckerwerk an der Tanne gab es nur bei Leuten, die sich die teuren Zutaten leisten konnten. Bevor der Lamettaschmuck aufkam, bastelten die Kinder mit Feuereifer oftmals lange, bunte Papierketten aus festem, farbigem Karton, mit denen der Baum kunstvoll umschlungen und behängt wurde. Auch Wattebäuschchen kamen zum Einsatz, die Schnee auf dem Grün des Baumes vorgeben sollten (und die beim Abräumen nach Heilig Drei König mindestens so schwierig einzusammeln waren wie in späteren Jahren das Lametta). In manchen Familien gab es auch lange Schnüre, die mit in Fransen geschnittenem Staniol umwickelt waren und einen prächtigen Glitzereffekt verursachten, wenn sie kunstvoll rund um den Baum drapiert waren. Doch die schönsten Stücke an den Weihnachtsbäumen unserer

Großeltern und Urgroßeltern waren meistens selbst geschnitzte, von Generation zu Generation weitergereichte kleine Holzkunstwerke: Schaukelpferde, so genannte Faschenkinder, die das Christkind in einem festverschnürten Steckkissen zeigen, das nur das Köpfchen frei lässt, kleine Trommeln, Rehe, Hirsche, Lämmer oder alle Varianten von Engeln – mit Posaune und auch ohne, erwachsene oder pausbäckige Putten. Das waren auch die Formen des Backwerks – jede Hausfrau war stolz auf besonders phantasievolle »Keksstecher«, mit denen der Keksteig ausgestochen wurde: Sterne, Rauten, Enten, Schwäne, Tannen, vierblättriger Klee, Herzen ... Viele dieser Kekse für den Baumschmuck wurden mit Hilfe von buntem Zuckerguß, Zuckerstreusel und dunklem Kakaoteig zu prachtvollen kleinen Kunstwerken. Die gelungensten Stücke wurden nicht aufgegessen, sondern zusammen mit dem anderen Weihnachtszeug Jahr für Jahr aufgehoben und kamen so immer wieder zum Einsatz. Viele Lebkuchen, die am Baum hingen, waren aber auch für die Kinder zum Essen bestimmt. Damit sie während der Weihnachtszeit nicht zu trocken wurden, hat man sie in »Silberpapier« gewickelt. Wofür das ganze Jahr über das Staniolpapier der Schokoladentafeln, die es zur damaligen Zeit nur zu besonderen Anlässen gab, gesammelt wurde.

Wie bitterarm unsere Vorfahren waren, kann sich heute kaum noch jemand vorstellen. Uns Kindern in Österreich wurde das in der Schule mit einer eindrucksvollen Geschichte aus der Feder des steirischen Heimatdichters Peter Rosegger verdeutlicht: In seiner Erzählung »Als ich die Christtagsfreuden holen ging« beschreibt der arme Waldbauernbub, wie er als kleiner Junge im Tiefschnee hoch vom Berg herunter ins Dorf geschickt wurde, um bei einem reichen Talbewohner den Jahreslohn seines Vaters zu kassieren. Vom Empfang dieses kargen Geldes hing es ab, ob er im Krämerladen Zutaten wie Mehl und Zucker kaufen konnte, die seine Mutter benötigte, um der Familie »Christtagsfreuden« zu bereiten. Rosegger wäre – so wie auch unser Gasteiner Nachbar Karl Heinrich Waggerl – kein Dichter gewesen, wenn er diese Weihnachtsgeschichte nicht so spannend erzählt hätte, dass sie uns Schülern unvergessen blieb.

Diese heute unvorstellbare Kargheit ist Gott sei Dank längst vorbei. Umso beeindruckender ist die Tatsache, dass seit Jahrzehnten vor allem in den Städten des Alpenraums der sogenannte Bauern-Christbaum

Die schönsten Weihnachtsgeschichten hat Karl Heinrich Waggerl, unser Nachbar im Haus »Bergfried«, geschrieben. Ich grüßte ihn immer ehrerbietig, wenn ich ihn traf.

groß in Mode gekommen ist. Der Baum weist eine prächtig wirkende Schlichtheit auf. Die herrlich duftenden Bienenwachskerzen werden nur durch wenige Schmuckkomponenten ergänzt: von naturbraunen Walnüssen an roten Bändern und kleinen, auf Hochglanz polierten Äpfeln. (Die immer schwieriger zu bekommen sind, weil ihre Größe nicht der EU-Norm entspricht.) Das Prächtigste dieses einfachen Baums aber sind die Strohsterne, die es inzwischen in hunderten kunstvollen Varianten gibt. Das Ensemble von Äpfeln, Nüssen, duftenden Honigkerzen und vom Stroh mattglänzender Sternstrahlen ist in seiner Einfachheit ergreifend schön. Welch ein Gegensatz zu

Nicht nur die Geschenke, auch den Christbaum brachte das Christkind. Uns Siedlungskindern wurde das Warten darauf jedes Mal zur Ewigkeit.

den heute üblichen Lichterketten in Fenstern und Vorgärten, der Lichterflut in den Einkaufsstraßen unserer Innenstädte und den luxuriösen Designerbäumen mit ihrer Kugel- und Schleifenpracht.

Nelken, Zimt und Mandelkern

Es war nicht nur der Kaiserschmarrn meiner Mutter, sondern es waren auch die weihnachtlichen Plätzchendüfte aus ihrer Küche, die etwas mit meinem schon früh feststehenden Berufswunsch zu tun hatten.

Wer jemals den Duft von frisch gemähtem Gras, trocknendem Heu, den eines Waldbodens in der Pilzzeit oder eines Himbeer- oder Brombeerhags in der Mittagssonne in der Nase hatte, der weiß, dass diese Gerüche nur von denen übertroffen werden, die zur Weihnachtszeit durch unsere Wohnungen ziehen. Das frische Grün des Adventskranzes und der Duft der Tannenzweige, die im Dezember hinter alle Bilderrahmen und in den Herrgottswinkel gesteckt werden, wetteifern mit dem von Orangen, die mit Nelken besteckt ihre ätherischen Öle verströmen. Da ist der Duft der Winteräpfel auf dem Schrank, von Mandarinen, gemahlenen Nüssen und Mandeln, von Vanille, Rum und Schokolade.

All die Köstlichkeiten und Gewürze, die heute für die Weihnachtsbäckerei selbstverständlich sind, waren noch Anfang des vergangenen Jahrhunderts für die meisten in unseren armen Gebirgsgegenden unerschwinglich. An »richtige« Schokolade zum Beispiel war gar nicht zu denken. Sie wurde deshalb oft als sogenannte Eisschokolade selbst gemacht und bestand aus Kokosfett, Grieszucker und Kakaopulver. Diese Mixtur wurde in kleine Blechförmchen gegossen, die in einem mit Schnee gefüllten »Weidling« – einer großen Emaille- oder Steingutschüssel, die auch für die Zubereitung des Knödel- oder Germteigs verwendet wurde – abkühlten.

Selbst Lebkuchen waren für viele damals noch ein Luxus. Stattdessen gab es überall das berühmte »Kletz'nbrot«, das hauptsächlich aus gedörrten Zwetschgen und Birnschnitzen, Mehl, Rosinen und Nüssen bestand. Oft wurde es mit Koriander und Anis bestreut. Die Laibe markierte man wie beim Brotbacken mit »March«-Zeichen und machte so deutlich, aus welchem Backofen die Köstlichkeit kam. Die Zubereitung von Kletz'nbrot ist aufwändig und setzt Erfahrung voraus. Die Mahlzeit am Heiligen Abend – die meisten hatten tagsüber gefastet – fiel bei den armen Gebirglern früher recht bescheiden aus: Brot, Käse, Eier und für die Kinder noch Äpfel, Nüsse und Honig. Doch vor dem Gang zur Christmette wurden die Kletz'nbrote angeschnitten und mit Butter bestrichen – zur Freude der ganzen Familie und des Gesindes. Das Anschneiden war dem Familienvorstand und dem Großknecht vorbehalten. Den Anschnitt, den »Kletz'nscherz«, wollten vor allem Liebespaare für sich haben – er sollte ihrer Beziehung Glück bringen. Mancherorts in Salzburg war es auch Brauch, dieses Früchte-Nuss-Brot »einzuräuchern«, das heißt, es wurde vor dem Gang durch das Haus mit der Glutpfanne, wie auf Seite 101 beschrieben, beraucht. Diese Räucherpfanne, aus der Speik, Weihrauch und Kranewitt (Wacholder) dufteten, verlieh dem Brot für kurze Zeit ein ganz besonderes Weihnachtsaroma. Um das Kletz'nbrot

– das heute kaum mehr selbst gemacht, sondern in Bäckereien gekauft wird – gab es zahlreiche Bräuche, von denen die meisten inzwischen allerdings fast vergessen sind. Auch das Fasten am Heiligen Abend ist kaum mehr üblich. Stattdessen zieht, lange bevor die Kerzen am Christbaum entzündet werden, der Geruch von Nudelsuppe und Würstchen – immer noch ein Traditionsessen bei uns, weil die Hausfrau damit am wenigsten Arbeit hat –, von Tafelspitz, Hühner-, Enten- oder Gänsebraten durchs Haus. Aber der Duft von Honigkerzen, Marzipan, Tannennadeln, Zimt, Nelken, Nüssen, Äpfeln, Orangen und Mandarinen, Vanille und Schokolade – der bleibt über den Heiligen Abend hinaus. Es ist eben Weihnachten.

*Gewürzdüfte sind die Vorboten des Geschmacks.
Das Echo von Köstlichkeiten, die darauf warten, auf der Zunge zu zergehen.
Nie wird das deutlicher als zur Weihnachtszeit.*

Wenn am Weihnachtsbaum endlich die Lichter brennen …

… dann haben die meisten Leute – vor allem die kleinen – bereits einen harten Tag hinter sich. Das war früher so und hat sich bis heute nicht geändert. Die Väter werden alle zu Josef, dem Zimmermann: Denn ob der Christbaum gerade ist oder krumm, ob seine Äste gleichmäßig oder ungleichmäßig am Stamm verteilt sind, stellt sich fast immer erst dann heraus, wenn er endlich im Christbaumständer steht.

Bevor er das tut, hat schon so mancher Haushaltsvorstand feststellen müssen, dass er nur unzureichendes Werkzeug besitzt oder ihm so ziemlich jedes Talent fehlt, es nutzbringend anzuwenden. Während da im Verborgenen so mancher ganz und gar unweihnachtliche Fluch unterdrückt wird, haben die Mütter alle Hände voll zu tun, die Kinder vom Ort des väterlichen Werkens fernzuhalten und abzulenken. Außerdem sind die Geschenke meist noch nicht verpackt, das Weihnachtspapier ist zu knapp bemessen, die Schmuckbänder und Anhänger gehen aus und die Tesafilm-Rolle ist verschwunden. Und mindestens eine Schachtel mit Christbaumschmuck ist nicht an der Stelle, auf dem Dachboden oder im Keller, wo man sie vermutet. Deshalb wohl sehnen sich fast alle Eltern am Christtag zurück in ihre Kindheit, wo sie nichts anderes zu tun hatten, als zu warten und dabei – auch nicht ganz einfach – ihre Ungeduld im Zaum zu halten.

Die Christbäume unserer Generation waren meist noch bunt durcheinander geschmückte »Kunstwerke«. Wenn sich nach einem leisen Glockengeklingel die Tür zu dem geheimnisvollen, seit Tagen veschlossenen Raum mit dem Baum endlich auftat, war sogar der größte »Wildfang« erst einmal still und stumm. Die brennenden Kerzen mit ihren wunderbaren Lichthöfen – die keine Elektrobirne der Welt zustande bringt – und die spritzenden Sternfunken der Wunderkerzen verwandelten selbst das ungestümste Kind wenigstens für ein paar Momente in ein staunendes, ob der strahlenden Pracht sogar leicht verlegenes Wesen. Bei Strafe, oder zumindest bei elterlicher Ermahnung mit erhobener Stimme, war es verboten, sich auf die Geschenke zu stürzen – es wäre auch keinem von uns eingefallen. Denn auch Kinder mit wenig Weihnachts-»Erfahrung« wussten: Erst kommt »das Lied«. In Salzburg wird es wohl kaum eine Familie gegeben haben, die vor dem Baum nicht zuerst – mehr oder weniger perfekt – »Stille Nacht« gesungen hätte. Dass es das berühmteste Weihnachtslied der Welt ist, aus großer Not in entbehrungsreicher Zeit entstanden und auch noch direkt mit unserem Land und unseren Vorfahren verbunden ist, erfuhren wir erst später in der Schule.

Die Kleineren von uns interessierten sich für die Geschenke unterm Baum meist erst in zweiter Linie. Unsere Blicke konzentrierten sich nach den ersten feierlichen Minuten und während des Singens auf die essbaren Details des Baumschmucks, die zwischen den Lichtern, den »Sternspritzern« und glitzernden Kugeln nach und nach in unser Blickfeld kamen. Da waren die rosafarbenen, weißen und gelben Kringel vom »Spanischen Wind«, von denen man wusste, dass sie wie süßer, schmelzender Schnee auf der Zunge zergehen würden. Dass der richtige Name dafür »Baiser« ist und diese luftigen Küsse in Frankreich

Heilig Abend gab es in unserer Siedlung eine wunderbare Gepflogenheit: Nach der Bescherung wurde so etwas wie »die Nacht der offenen Türen« praktiziert.
Wir besuchten uns alle gegenseitig, und wir Kinder konnten sehen, wem das Christkind was gebracht hatte!

»Meringues« heißen, wusste kaum einer der Anwesenden, und uns Kinder hätte es auch nicht im Geringsten interessiert. (Später, im Erwachsenenleben, beim ewig langen Schlagen von Eischnee, ist so manch einem von uns die erste weihnachtliche Begegnung mit dem »Spanischen Wind« wieder eingefallen.) Auch die pastellfarbenen Zuckerkringel, außen hart und innen von einer weichen, staubzuckerhaft-cremigen Konsistenz, deren Boden in Schokolade getaucht war, standen auf der Liste der kindlichen Begehrlichkeiten ganz oben. Aber noch mehr interessierten uns die »Likörfläschchen«, in Staniol verpackt, mit der »Inhaltsangabe« bedruckt und flüssigem Alkohol gefüllt – wohl Rum, Sherry oder Cognac von nicht allererster Güte, wie wir heute ahnen können. Sie waren einzig und allein für den Vater reserviert. Diese kleinen Schokofläschchen machten aus uns allen Sünder, denn die ganzen Weihnachtsfeiertage über – inzwischen war der Baum zum Plündern freigegeben – überlegten wir Kinder, ob diese mit Verbotenem gefüllten Fläschchen wohl abgezählt seien, und wie man sie am besten stibitzen konnte, ohne ertappt zu werden.

Das Anfassen der bunten Kugelwunderwerke war ebenfalls verboten, denn sie waren zerbrechlicher als Glas und sehr kostbar. Erst mit dem Älterwerden durften wir beim Abräumen des Christbaums helfen. Einige dieser Kugelwunder hatten nach innen gezogene, andersfarbige Strahlenkränze, andere wiederum waren mit kunstvollen Ornamenten verziert. Es gab auch silberne Tannenzapfen aus Glas, aber auch solche, die aus feinem Draht zu Spiralen gedreht waren und kleine, hängende Eiszapfen darstellen sollten. Aber am schönsten waren die Paradiesvögel mit den Schwanzfedern aus Glasfasern – sie musste man ganz besonders vorsichtig behandeln und sorgfältig in den Schachteln mit dem Christbaumschmuck verpacken. Damit war die schöne, verantwortungsvolle Hilfsarbeit beim Baumabräumen aber auch schon vorbei. Die abgebrannten Kerzenstummel aus den Haltern zu lösen, war nur lästig. Aber am lästigsten war das Absammeln des silbernen Lamettas. Damit war die Nachweihnachtsstimmung dann endgültig vorbei.

Ein wichtiges Ereignis – außer der Bestandsaufnahme der Süßigkeiten am Baum – stand am Heiligen Abend freilich noch aus. Die große Frage war: Wer durfte die Geschenke Stück für Stück unter dem Baum hervorholen und unter den Anweisungen der Mutter – die ja alles verpackt hatte und daher als Einzige anhand des Geschenkpapiers, der Form und Größe der Päckchen erkannte, welches für wen war – wer also durfte diese verteilen? Das Ganze war ein unumstößlich festes Ritual. Geschenk für Geschenk wurde ausgewickelt, alle sahen dabei zu und freuten sich mit den Beschenkten, fiebernd vor Aufregung, wann sie endlich selbst dran wären.

Zur Freude – und Wertschätzung – gehörte es, dass man beim Auspacken sorgfältig mit dem Geschenkpapier umging. (Was in der Vor-Tesafilm-Ära einfacher war als danach.) Das Papier – es war zu unserer Zeit noch ziemlich dünn und daher leicht zu beschädigen – wurde sorgsam glatt gestrichen und ordentlich gefaltet, die Bänder an der Hand aufgerollt und so verschlungen, dass sie für das nächste Weihnachtsfest wieder einsatzbereit waren.

Die Heiligen Abende unserer Kindheit waren voller feststehender Rituale. Vielleicht ist das der Grund, warum sie für alle Menschen unvergesslich sind und sich auch später, im Erwachsenenalter, vor Weihnachten so zu Herzen gehende Erwartungen einstellen. Es ist wohl der Nachklang unserer Kinder-Weihnacht, als die Welt wenigstens für eine kurze Zeit noch heil war.

Beim Anblick des Christbaums schoss mir immer eine Frage durch den Kopf: Sind die Süßigkeiten darauf abgezählt, oder konnte ich mich im Lauf der Tage ungestraft darüber hermachen?

Die stille, Heilige Nacht

*Der Weg zur Christmette war in meiner Kindheit immer etwas ganz Besonderes. Ich höre heute noch das Knirschen unserer Schritte im Schnee, das die absolute Stille durchbrach.
In solchen sternklaren, kalten Weihnachtsnächten auf dem Weg zur Kirche hat mir mein Vater die Sternbilder des Winterhimmels erklärt.*

In der Heiligen Nacht kann der Mensch die Sprache der Tiere verstehen, sagt der Aberglaube. Das ist auch der Grund, warum die Bauern ihrem Stallvieh in der Weihnachtsnacht besonders viel Aufmerksamkeit schenken. Sie bekommen mehr und besseres Futter als an normalen Tagen, mancherorts werden ihm Brotkügelchen beigegeben, die geweihte Blätter und Palmkätzchen vom österlichen »Palmbuschen« enthalten. Das soll die Tiere vor Krankheit schützen. Der Palmbuschen wird zu Ostern in der Kirche geweiht und steckt dann das ganze Jahr über hinter dem Kruzifix, das in jedem Bauernhaus in der Essecke hängt.

Die Heilige Nacht zählt – wie die Nacht vom 21. auf den 22. Dezember, die Silvesternacht und die auf Heilig Drei König – zu den »Rauhnächten«. Diese Nächte werden zu den sogenannten toten Tagen gezählt, womit die Differenz zwischen dem Mondkalender früherer Zeiten und unserem modernen Kalender gemeint ist. In diesen Nächten, so der Volksglaube, beging Wotan mit den Toten seine »wilden Jagden« und Dämonen veranstalteten fürchterliche Umzüge. Und der Teufel soll der Sage nach doch tatsächlich die Heilige Nacht bevorzugt haben, um mit denen, die gewillt waren, einen Pakt zu schließen. Die Christnacht war also höchst gefährlich, weshalb schon tagsüber gefastet und viel gebetet wurde. Im Haus musste penible Ordnung herrschen – daher wohl der »Weihnachtsputz« –, da Schmutz und Unaufgeräumtheit die bösen Geister magisch anziehen sollen. Auf keinen Fall durfte am Heiligen Abend Wäsche auf der Leine hängen, weil sich darin die »wilde Jagd« verfangen könnte. Frauen und Kinder sollten nach Einbruch der Dunkelheit nicht allein im Freien sein, weshalb der Gang zur Christmette von der ganzen Familie absolviert wurde. Trotz der großen Freude über Jesu Geburt steckte, wie man sieht, die althergebrachte Angst vor bösen Geistern noch lange in den Köpfen der Menschen.

Vor der Christmette wird oft noch heute das ganze Haus mitsamt den Ställen, vom Keller bis zum Dachboden, mit einer Räucherpfanne – mancherorts werden auch alte Glutbügeleisen dafür verwendet – begangen, um die bösen Geister durch den Geruch von Weihrauch und Harz und mit Gebeten und Segenssprüchen fernzuhalten. Das Wort Rauhnacht leitet sich übrigens weder von Rauch noch von rau ab, sondern von der mittelhochdeutschen Bezeichnung »rüch« für »haarig« – bekannt von der Kürschnerei, in der Tierfelle als »Rauhware« bezeichnet werden. Denn so hat man sich den Teufel und Wotans wilde Jagdgesellen zu allen Zeiten vorgestellt: über und über mit Haaren und Fell bedeckt. Als Kinder wurden uns die schrecklichsten Geschichten über das Treiben der toten Seelen erzählt, die keine Ruhe finden konnten und in den Rauhnächten ihr Unwesen trieben. Den eigenen Toten sollte es nicht so ergehen, weshalb es bis heute üblich ist, am Heiligen Abend schon tagsüber, spätestens jedoch vor der Mitternachtsmette, Lichter auf die Familiengräber zu stellen und betend der Toten zu gedenken.

Spätestens bei der Mitternachtsmette, die zu den schönsten und feierlichsten der christlichen Liturgie zählt, sind die alten Geistergeschichten jedoch vergessen. Die Gotteshäuser erstrahlen in vollem Licht, die Priester tragen die schönsten Gewänder, und selbst musikalisch Unbegabte singen die wunderbaren Weihnachtslieder aus voller Kehle mit. Die Mette ist eines der eindruckvollsten Weihnachtserlebnisse – für Gläubige und weniger Gläubige gleichermaßen. Für diejenigen, die nicht daran teilnehmen können, gibt es am frühen Morgen des ersten Weihnachtstages die sogenannte Hirtenmesse. Aber den Zauber der Mitternachtsmesse erreicht sie nicht.

Warum der schwarze König Melchior so froh wurde

Von Karl Heinrich Waggerl

Allmählich verbreitete sich das Gerücht von dem wunderbaren Kinde mit dem Schein ums Haupt und drang bis in die fernsten Länder. Dort lebten drei Könige als Nachbarn, die seltsamerweise Kaspar, Melchior und Balthasar hießen, wie heutzutage ein Roßknecht oder ein Hausierer. Sie waren aber trotzdem echte Könige und, was noch merkwürdiger ist, auch weise Männer. Nach dem Zeugnis der Schrift verstanden sie den Gang der Gestirne vom Himmel abzulesen, und das ist eine schwierige Kunst, wie jeder weiß, der einmal versucht hat, hinter einem Stern herzulaufen.

Diese drei also taten sich zusammen, sie rüsteten ein prächtiges Gefolge aus und dann reisten sie eilig mit Kamelen und Elefanten gegen Abend. Tagsüber ruhten Menschen und Tiere unter den Felsen in der steinigen Wüste, und auch der Stern, dem sie folgten, der Komet, wartete geduldig am Himmel und schwitzte nicht wenig in der Sonnenglut, bis es endlich wieder dunkel wurde. Dann wandelte er von Neuem vor dem Zuge her und leuchtete feierlich und zeigte den Weg.

Auf diese Weise ging die Reise gut voran, aber als der Stern über Jerusalem hinaus gegen Bethlehem zog, da wollten ihm die Könige nicht mehr folgen. Sie dachten, wenn da ein Fürstenkind zu besuchen sei, dann müsse es doch wohl in einer Burg liegen und nicht in einem armseligen Dorf. Der Stern geriet sozusagen in Weißglut vor Verzweiflung, er sprang hin und her und wedelte und winkte mit dem Schweif, aber das half nichts. Die drei Weisen waren von einer solchen Gelehrtheit, dass sie längst nicht mehr verstehen konnten, was jedem Hausverstand einging. Indessen kam auch der Morgen herauf und der Stern verblich. Er setzte sich traurig in die Krone eines Baumes neben dem Stall, und jedermann, der vorüberging, hielt ihn für nichts weiter als eine vergessene Zitrone im Geäst. Erst in der Nacht kletterte er heraus und schwang sich über das Dach.

Die Könige sahen ihn beglückt, Hals über Kopf kamen sie herbeigeritten. Den ganzen Tag hatten sie nach dem verheißenen Kinde gesucht und nichts gefunden, denn in der Burg zu Jerusalem saß nur ein widerwärtig fetter Bursche namens Herodes.

Nun war aber der eine von den Dreien, der Melchior hieß, ein Mohr, baumlang und so tintenschwarz, dass selbst im hellen Licht des Sternes nichts von ihm zu sehen war als ein paar Augäpfel und ein fürchterliches Gebiss. Daheim hatte man ihn zum König erhoben, weil er noch ein wenig schwärzer war als die anderen Schwarzen, aber nun merkte er zu seinem Kummer, dass man ihn hierzulande ansah, als ob er in der Haut des Teufels steckte. Schon unterwegs waren alle Kinder kreischend in den Schoß der Mütter geflüchtet, sooft er sich von seinem Kamel herabbeugte, um ihnen Zuckerzeug zu schenken, und die Weiber würden sich bekreuzigt haben, wenn sie damals schon hätten wissen können, wie sich ein Christenmensch gegen Anfechtungen schützt. Als letzter in der Reihe trat Melchior zaghaft vor das Kind und warf sich zur Erde. Ach, hätte er jetzt nur ein kleines weißes Fleckchen zu zeigen gehabt oder wenigstens sein Inneres nach außen kehren können! Er schlug die Hände vors Gesicht, voll Bangen, ob sich auch das Gotteskind vor ihm entsetzen würde.

Weil er aber weiter kein Geschrei vernahm, wagte er ein wenig durch die Finger zu schielen, und wahrhaftig, er sah den holden Knaben lächeln und die Hände nach seinem Kraushaar ausstrecken.

Über die Maßen glücklich war der schwarze König! Nie zuvor hatte er so großartig die Augen gerollt und die Zähne gebleckt von einem Ohr zum anderen. Melchior konnte nicht anders, er musste die Füße des Kindes umfassen und alle seine Zehen küssen, wie es im Mohrenlande Brauch war.

Als er aber die Hände wieder löste, sah er das Wunder – sie waren innen weiß geworden. Und seither haben alle Mohren helle Handflächen, geht nur hin und seht es und grüßt sie brüderlich.

Aus: Karl Heinrich Waggerl,
Und es begab sich ... Inwendige Geschichten,
Salzburg 1953

Weihnachtsmenue

Rezepte für 4 Personen

Kürbissuppe mit Zimtcroúton und Speckstreifen

Für die Kürbissuppe: 800 g Muskatkürbis (geputzt 500 g) • Salz • 100 g gewürfelte weiße Zwiebeln ½ gehackte Knoblauchzehe • 100 g gewürfelte Möhren • 120 g gewürfelte rote Paprikaschoten 50 g klein geschnittener Staudensellerie • 4 EL Butter • 1 EL geriebener, frischer Ingwer 1 Msp. edelsüßes Paprikapulver • ½ TL Curry • 1 Msp. zerbröselte, getrocknete Chilischote 2 EL Ingwersirup • 2 EL Tomatenketchup • 1 l Gemüse- oder Geflügelfond Pfeffer aus der Mühle • 120 g Sahne • 4 EL ungesüßte Kokosmilch • 1 Prise Zucker

Für die Zimtcroútons und Speckstreifen: 2 EL Butter • 4 Scheiben Baguette (mit Rinde, 2 mm dick) ¼ TL gemahlener Zimt • 4 Scheiben geräucherter Bauchspeck • 60 g Sahne

Kürbissuppe

❄ Den Kürbis schälen, die Kerne entfernen und das Fruchtfleisch grob raspeln. Salzen und zugedeckt 30 Minuten ziehen lassen.

❄ Zwiebeln, Knoblauch, Möhren, Paprikaschoten und Staudensellerie in der zerlassenen Butter farblos andünsten. Die Aromaten dazugeben und weitere 5 Minuten dünsten.

❄ Das Kürbisfleisch im Sieb gut ausdrücken, den Saft in einer Schüssel auffangen. Das Kürbisfleisch zum Gemüse geben und ca. 15 Minuten dünsten.

❄ Kürbissaft und Fond angießen, salzen und pfeffern. 20 Minuten bei niedriger Hitze köcheln lassen.

❄ Sahne, Kokosmilch und Zucker mit dem Handrührgerät halb steif schlagen und nach und nach unter die Suppe rühren. Die Suppe mit dem Mixstab pürieren und abschmecken.

Zimtcroútons und Speckstreifen

❄ Die Butter in der Pfanne erhitzen. Die Baguettescheiben hineingeben, goldbraun rösten und mit etwas Zimt bestäuben. Die Scheiben auf Küchenpapier legen, die überschüssige Butter in die Suppe tropfen lassen.

❄ Die Speckstreifen in der Pfanne goldbraun braten und noch heiß über den Stiel eines Holzlöffels wickeln, so dass eine Spirale entsteht.

Servieren: Die Kürbissuppe auf vorgewärmte Teller verteilen und mit etwas geschlagener Sahne verzieren. Zimtcrouton und Speckspirale anlegen.

(Foto auf der nächsten Seite)

Gefülltes Perlhuhn mit glasierten Maronen und feinem Gemüse

Für das gefüllte Perlhuhn: 100 g fetter Bauchspeck (nicht geräuchert, wenig gesalzen)
2 Scheiben Toastbrot • 40 g frische Gänseleber • Herz und Leber vom Perlhuhn
1 frischer schwarzer Trüffel (ca. 20 g) • 1 Schalotte • 1 Knoblauchzehe • 1 TL Butter
1 EL grob gehackte Petersilie • 1 Prise Majoran • etwas geriebene Muskatnuss
Salz • schwarzer Pfeffer • 1 Perlhuhn (ca. 1,3 kg)

Für die Sauce: 1 große Möhre • 1 Stange Staudensellerie • 1 Zwiebel • 1 EL Butter
2 EL Pflanzenöl • Hals und Magen vom Perlhuhn • 1 Knoblauchzehe (ungeschält) • 4 Nelken
1 kleines Lorbeerblatt • 1 dl Geflügelbrühe • 4 cl Weißwein • 1 dl Madeira (nicht süß)

Gefülltes Perlhuhn

❄ Den Bauchspeck in 3 Stücke schneiden und kurz in kochendes, ungesalzenes Wasser legen. Aus dem Wasser nehmen und kalt abspülen. Schwarte und Knorpel entfernen und den Speck in feine Würfel oder Streifen schneiden.

❄ Das Toastbrot ohne Rinde in 1 cm große Würfel schneiden. Die Gänseleber in ½ cm große Würfel schneiden. Herz und Leber sauber putzen und grob hacken. Den Trüffel mit einer kleinen Bürste gründlich säubern und in kleine Würfel schneiden. Schalotte und Knoblauch schälen und fein schneiden.

❄ Den Speck in der aufgeschäumten Butter kross anbraten, die Brotwürfel dazugeben und hellbraun rösten. Gänseleber, Herz und Leber, Trüffel, Schalotte, Knoblauch und Petersilie dazugeben und kurz schwenken. Mit Majoran, Muskat, Salz und Pfeffer würzen.

❄ Das ausgenommene Perlhuhn waschen, trocken reiben und den Flaum absengen. Mit Salz würzen und die noch warme Füllung in den Bauchraum geben. Die Öffnung zunähen und das Perlhuhn mit einer Bridiernadel fachgerecht binden.

❄ Den Backofen ca. 30 Minuten auf 220 °C vorheizen.

❄ Möhre, Sellerie und Zwiebel putzen und in grobe Würfel schneiden. Hals und Magen sauber putzen, den Hals in grobe Stücke schneiden.

❄ Butter und Öl im Bräter aufschäumen lassen, das Perlhuhn auf der Brustseite einlegen. Das Gemüse, Hals und Magen, Knoblauchzehe, Nelken und Lorbeerblatt dazugeben.

❄ Das Perlhuhn im Backofen ca. 10 Minuten von allen Seiten rasch anbraten. Die Hitze auf 180 °C reduzieren, den Bräter abdecken, dabei einen Spalt offen lassen. Das Huhn immer wieder drehen und mit dem Bratfond begießen. Nach 30–40 Minuten herausnehmen und warm stellen.

❄ Den Bratensatz entfetten. Das Gemüse einkochen lassen, mit etwas Geflügelbrühe ablöschen und reduzieren. Den Wein angießen, einkochen lassen, den Madeira angießen. Das Perlhuhn wieder in den Bräter legen und im warmen Backofen 10 Minuten immer wieder mit der Sauce begießen.

❄ Das Perlhuhn herausnehmen. Die Sauce durch ein Sieb passieren, mit etwas Geflügelbrühe auffüllen, nochmals aufkochen lassen und zu einer sämigen Sauce kochen. Nach Bedarf würzen.

(Foto auf der nächsten Seite)

Beilagen zum gefüllten Perlhuhn

Für die Maronen und das Gemüse: 4 EL Butter • 5 Würfelzucker
600 g Maronen (geschält und gehäutet 300 g) • ¼ l Geflügelfond
250 g geputzter Rosenkohl • Salz • 150 g geputzte, kleine Champignons
1 EL Gänseschmalz • 1 Prise Zucker • Pfeffer aus der Mühle • etwas geriebene Muskatnuss
150 g geputzte Möhren (2–3 mm dicke Scheiben) • 200 g geschälte, kleine Zwiebeln
80 g geschälte, halbierte Petersilienwurzel • 1 EL grob gehackte Petersilie

Glasierte Maronen und feines Gemüse

❄ ½ EL Butter und 3 Würfelzucker erhitzen, bis der Zucker leicht karamellisiert ist. Die Maronen hineingeben und unter ständigem Rühren leicht anbräunen. Den Geflügelfond angießen. Bei niedriger Hitze im offenen Topf ca. 25 Minuten köcheln lassen, bis die Flüssigkeit verdampft ist und die Maronen glänzen.

❄ Den Rosenkohl in kochendes Salzwasser geben und 10 Minuten nicht zu weich garen. In Eiswasser abschrecken und abtropfen lassen.

❄ Die Champignons kurz in Gänseschmalz anbraten. Den Rosenkohl und 2 EL Butter dazugeben. Mit Salz, Pfeffer und Muskat würzen und 10 Minuten dünsten.

❄ 1 Würfelzucker mit 3–4 EL Wasser im Topf hellbraun karamellisieren. Die Möhren darin leicht andünsten, mit 200 ml Wasser bedecken. ½ EL Butter zufügen, salzen und ca. 20 Minuten köcheln lassen, bis die Flüssigkeit verdampft ist.

❄ Die Zwiebeln in kochendem Salzwasser mit etwas Zucker 5 Minuten garen und abtropfen lassen.

❄ 1 Würfelzucker mit 3–4 EL Wasser im Topf hell karamellisieren. Die Zwiebeln zufügen und unter Rühren leicht Farbe annehmen lassen. 200 ml Wasser angießen, salzen und pfeffern.

❄ Pergamentpapier in der Größe des Topfdurchmessers zuschneiden und in die Mitte ein kleines Loch schneiden. Mit der restlichen Butter bestreichen und auf die Zwiebeln legen. 20 Minuten köcheln lassen.

❄ Die Petersilienwurzel dazugeben, weitere 10 Minuten köcheln lassen. Das Pergamentpapier entfernen. Maronen, Rosenkohl, Champignons, Möhren und Petersilie behutsam untermischen und abschmecken.

Servieren: Das Perlhuhn tranchieren, die Brüste in Stücke schneiden und mit Meersalz und Pfeffer bestreuen. Auf vorgewärmten Tellern anrichten, einen Esslöffel Füllung und etwas Sauce dazugeben. Mit Maronen und Gemüse umlegen.

Christstollen-Parfait mit gefülltem Bratapfel und Weinschaumcreme

Für das Christollen-Parfait: 6 Eigelb • 2 Eier • 100 g Zucker
500 g Sahne • 250 g Christstollen • 1 Spritzer Rum (Strohrum)

Für die Bratäpfel: 5 säuerliche Äpfel (z. B. Boskop) • 2 EL Rosinen • Rum (Strohrum)
150 g Butter • ½ TL Zimt • Mark von ½ Vanilleschote • Saft von ½ Zitrone und ½ Orange
1 EL Calvados • ⅛ l naturtrüber Apfelsaft • 60 g süßes Hefebrot oder Brioche (altbacken)
80 g Marzipanrohmasse • Puderzucker zum Bestäuben

Für die Weinschaumcreme: 3 Eigelb • 50 g Zucker • 60 ml Weißwein • 60 ml naturtrüber Apfelsaft

Außerdem: Kerne von 1 Granatapfel

Christollen-Parfait

❄ Eigelb, Eier und Zucker zu einer schaumigen Masse aufschlagen. Die Sahne mit dem Handrührgerät steif schlagen.

❄ Den Christstollen mit den Händen in die Eiermasse bröseln und mit etwas Rum parfümieren. Die geschlagene Sahne unterziehen und die Masse in 4 kleine Formen (Tannenbäumchen) füllen. Im Tiefkühlfach 24 Stunden gefrieren lassen.

Bratäpfel

❄ Die Äpfel waschen und abtrocknen. Die Rosinen in Rum einweichen.

❄ Das Kerngehäuse von 1 Apfel ausstechen und den Apfel quer in 4 Scheiben schneiden.

❄ 30 g Butter in einer feuerfesten Form zerlassen und die Apfelscheiben darauf verteilen. 1 EL abgetropfte Rosinen dazugeben. Mit etwas Zimt und Vanillemark bestreuen, mit Zitronen- und Orangensaft und Calvados beträufeln. Den Apfelsaft angießen

❄ Von den restlichen 4 Äpfeln oben eine fingerdicke Scheibe abschneiden und die Äpfel bis auf 1 cm Wandstärke aushöhlen.

❄ Das Hefebrot reiben und die Brösel in 100 g Butter goldgelb rösten. Abkühlen lassen und den restlichen Zimt zufügen. Das Marzipan zerdrücken, mit den restlichen Rosinen unter die Brösel mischen und die Masse in die Äpfel füllen.

❄ Die Äpfel auf die Apfelscheiben setzen und mit reichlich Puderzucker bestäuben. Die restliche Butter in Stücke schneiden und auf den Äpfeln verteilen. Im vorgeheizten Ofen bei 180 °C ca. 30 Minuten garen.

Weinschaumcreme

❄ Eigelb und Zucker über dem Wasserbad schaumig aufschlagen. Weißwein und Apfelsaft unter Rühren unterziehen.

Servieren: Das Christstollen-Parfait und die heißen Bratäpfel auf Teller setzen, die Weinschaumcreme darauf verteilen und mit Granatapfelkernen garnieren. Das Dessert sofort servieren.

Silvestermenue

Rezepte für 4 Personen

Saibling auf Graupenrisotto mit Meerrettichschaum und Saiblingkaviar

Für den Saibling: 4 Seesaiblingfilets (je 120 g) • Salz • 1 Prise Cayennepfeffer • 1 TL Butter
1 Eschalotte • 100 ml Riesling

Für den Graupenrisotto: 60 g Graupen (Gerste) • 50 g fein gewürfelte Eschalotten • 30 ml Olivenöl
40 g fein gewürfelter Staudensellerie • 40 g fein gewürfelte Möhren • 50 ml Noilly Prat
200 ml Fisch- oder Geflügelfond • Salz • Pfeffer aus der Mühle • 50 g Butter

Für den Meerrettichschaum: 20 g Butter • 20 g Mehl • ¼ l Fischfond • ⅛ l trockener Weißwein
1 EL Noilly Prat • 125 g Sahne • 80 g Meerrettich aus dem Glas • 30 g Butter • Salz • etwas Zitronensaft

Außerdem: 80 g Saiblingkaviar • 1 Stück frischer Meerrettich • Dill

Saibling

❄ Die Filets mit Salz und Cayenne würzen und in eine mit Butter ausgestrichene, feuerfeste Form legen.

❄ Die Eschalotte schälen, klein schneiden und in die Zwischenräume streuen. Mit Riesling angießen, die Form mit Alufolie abdecken. Im Backofen bei 74 °C 15 Minuten glasig garen.

Graupenrisotto

❄ Graupen 4 Stunden in Wasser einweichen. Eschalotten in Olivenöl glasig dünsten. Sellerie und Möhren dazugeben und ebenfalls glasig dünsten. Graupen untermischen, mit Noilly Prat löschen und reduzieren.

❄ Den Fond angießen, mit Salz und Pfeffer würzen. Köcheln lassen, bis die Flüssigkeit verdampft ist.

❄ Den Topf vom Herd nehmen und die kalte Butter kräftig einrühren.

Meerrettichschaum

❄ Die Butter schmelzen, das Mehl einrühren und farblos anschwitzen. Mit kochendem Fischfond aufgießen, Weißwein und Noilly Prat dazugeben und aufkochen lassen.

❄ Sahne und Meerrettich einrühren, einige Minuten kochen lassen. Durch ein Sieb passieren und eiskalte Butterstückchen mit dem Schneebesen einrühren. Mit Salz und Zitronensaft würzen und mit dem Mixstab verrühren. (Die Sauce darf nicht mehr kochen, da sie sonst an Farbe verliert.)

Servieren: Den Graupenrisotto auf warme Teller anrichten. Saiblingfilets auf den Risotto legen und den Kaviar darauf verteilen. Mit Meerrettichschaum umranden. Frischen Meerrettich über die Saiblingfilets raspeln und nach Belieben mit gezupftem Dill bestreuen.

Rehrücken mit glasierten Birnen und roten Beten

Für den Rehrücken: 500 g ausgelöstes Mittelstück vom Rehrücken
Abschnitte vom Rehrücken (vom Metzger mitgeben lassen)
3 EL Olivenöl • 2 Schalotten • 1 nussgroßes Stück Sellerieknolle • 6 Wacholderbeeren
1 Sternanis • 1 Thymianzweig • 1 Lorbeerblatt • etwas Mehl • Salz
schwarzer Pfeffer aus der Mühle • 2 EL Cognac • 3–4 EL roter Portwein • 600 ml Wildfond

Für die glasierten Birnen: 2 Birnen • Saft von ½ Zitrone • 3 fein gehackte Wacholderbeeren • 3 EL Butter
2 Päckchen Vanillezucker • Saft von 1 Orange • etwas fein geriebene Orangen- und Zitronenschale
1 Sternanis • ½ TL Anissamen • 2 EL Orangenmarmelade • 1 EL Preiselbeermarmelade
1 Thymianzweig • 1 EL fein gewürfelter Bauchspeck • 1 EL fein gewürfelte Schalotte
1 EL gehackte Walnüsse (blanchiert und abgezogen)

Für die roten Beten: 1 Zwiebel • 1 Lorbeerblatt • 1 Gewürznelke • 8 Mini-Rote-Beten • Salz
1 Prise Kümmel • 1 Spritzer Essig • 2 EL Butter • Saft von 1 Orange • 1 EL Preiselbeerkompott

Außerdem: 2–3 EL klein gewürfeltes Schwarzbrot oder Lebkuchen
3 EL Butter • 8 Steinpilze (schöne, kleinere Exemplare)

Rehrücken

❄ Die Wildabschnitte im Bräter in 1 EL Öl anbraten.

❄ Die Schalotten schälen und halbieren, die Wacholderbeeren etwas andrücken. Zusammen mit Sellerie, Sternanis, Thymian und Lorbeerblatt in den Bräter geben und ebenfalls anbraten. Mit einem Hauch Mehl bestäuben.

❄ Das restliche Öl hinzufügen. Den Rehrücken salzen, pfeffern und von allen Seiten anbraten. Mit dem Bratfett begießen.

❄ Den Rehrücken im vorgeheizten Backofen bei 180 °C 20 Minuten braten, dabei öfters wenden. Aus dem Bräter nehmen und 10 Minuten zugedeckt ruhen lassen.

❄ Den Bratenfond mit Cognac und Portwein ablöschen und einkochen lassen. Den Wildfond angießen, etwas einkochen lassen, mit Salz und Pfeffer würzen. Durch ein Sieb passieren

❄ Die Brot- oder Lebkuchenwürfel in 2 EL Butter knusprig rösten und auf Küchenpapier entfetten.

❄ Die Steinpilze halbieren und in der restlichen Butter auf der Schnittfläche anbraten. Etwas salzen und bis zum Servieren warm stellen.

Glasierte Birnen

❄ Die Birnen schälen und halbieren, das Kerngehäuse ausstechen. Die Birnenhälften mit Zitronensaft einreiben und mit den Wacholderbeeren bestreuen.

❄ 2 EL Butter in der Pfanne erhitzen und die Birnenhälften hineinlegen. Vanillezucker einstreuen und leicht karamellisieren lassen. Mit Orangensaft ablöschen.

❄ Orangen- und Zitronenschale, Sternanis, Anissamen, Orangen- und Preiselbeermarmelade und die Blättchen vom Thymianzweig hinzufügen und etwas einkochen lassen.

❄ Den Bauchspeck im Topf auslassen. Schalotte und Walnusskerne mit der restlichen Butter darin kurz anbraten. Zu den glasieren Birnen geben.

Rote Beten

❄ Die Zwiebel schälen und mit Lorbeerblatt und Gewürznelke spicken. Die roten Beten mit der Spickzwiebel, Salz, Kümmel und Essig in sprudelndem Wasser weich kochen.

❄ Die roten Beten schälen und in der erhitzten Butter schwenken. Orangensaft und Preiselbeerkompott einrühren und etwas einkochen lassen.

Servieren: Den Rehrücken auf eine vorgewärmte Platte legen und mit den gerösteten Brotwürfeln bestreuen. Die Birnenhälften mit Sauce, die roten Beten und die Steinpilze dekorativ anlegen. Die Wildsauce extra reichen.

Nougat-Schokoladen-Sinfonie mit weissem Kaffee-Parfait

Für das Weiße Kaffee-Parfait: (Zwei Tage vor dem Servieren mit der Zubereitung beginnen!)
600 g Sahne • 150 ml Milch • 100 g Kaffeebohnen • ½ Lorbeerblatt • 10 Korianderkörner
¼ Zimtstange • 7 Eigelb (140 g) • 1 Prise Salz • 150 g Zucker • 15 g Glucose
60 g weiße Schokolade • 10 ml Cognac • 15 ml Crème de cacao (weiß) • 5 ml Orangenlikör

Für das Café Gelee: ½ Blatt weiße Gelatine • 25 g Zucker • 4 Espresso (ca. 150 g)

Für die Crème Praliné: 30 g Milchschokolade • 25 g Pralinenpaste (Haselnuss) • 120 g Sahne

Für das Chantilly au café: 150 g Sahne • 15 g Kaffeeextrakt (Pulver)

Außerdem: etwas Schokoladenspäne

Weisses Kaffee-Parfait

❄ Sahne und Milch auf 60 °C erhitzen. Die Kaffeebohnen in der Pfanne auf 60 °C erhitzen und mit den Gewürzen in die Sahne-Milch-Mischung einrühren. Über Nacht ruhen lassen. Am nächsten Tag durch ein Sieb passieren und auf Eis kalt stellen.

❄ 4 Halbkugelformen in das Tiefkühlfach stellen.

❄ Das Eigelb mit Salz schaumig aufschlagen.

❄ Den Zucker in 100 ml kaltem Wasser auflösen und unter Rühren langsam bis 121 °C einkochen lassen. Nach Erreichen der Temperatur die Glucose einrühren und den Topf vom Herd ziehen.

❄ Den Zuckersirup langsam in die Eigelbmasse einrühren. Mit dem Handrührgerät bei mittlerer Geschwindigkeit so lange rühren, bis die Masse abgekühlt ist.

❄ Die Schokolade im Wasserbad auflösen. Die Kaffeesahne vorsichtig halb fest aufschlagen. Etwas davon in die flüssige Schokolade geben und die Spirituosen einrühren.

❄ Die Zucker-Ei-Masse unter die Schokoladencreme heben und die restliche Kaffeesahne langsam einrühren. Sofort in die kalten Formen füllen und über Nacht gefrieren lassen.

Café Gelee

❄ Die Gelatine in kaltem Wasser einweichen.

❄ 30 ml Wasser und Zucker zum Kochen bringen und den Espresso einrühren. Etwas abkühlen lassen und die ausgedrückte Gelatine einrühren.

❄ Café Gelee auf 4–6 Gläser verteilen und ca. 2–3 Stunden kalt stellen.

Crème Praliné

❄ Die Schokolade im Wasserbad (ca. 32 °C) auflösen, die Pralinenpaste unterrühren und die nicht zu steif geschlagene Sahne unterziehen. In den Spritzbeutel füllen.

Chantilly au café

❄ Die Sahne mit Kaffeeextrakt aufschlagen, in den Spritzbeutel füllen und kalt stellen.

Servieren: Crème Praliné über das Café-Gelee dressieren, das Weiße Kaffee-Parfait in die Mitte setzen und Chantilly au café um die Crème Praliné dressieren. Mit Schokoladenspänen bestreuen.

ECKART WITZIGMANN: Wer wenig Zeit hat für die Zubereitung des Weißen Kafee-Parfait, kann auch je eine Kugel Vanilleeis auf die Pralinencreme setzen. Schmeckt trotzdem köstlich!

Frau Perchta und ihre wilden Begleiter

Weihnachten ist, astronomisch betrachtet, für uns Bewohner der nördlichen Erdhalbkugel das Fest der Wintersonnenwende: Die Tage werden ab Dezember wieder länger und die Nächte kürzer. Das ist die Zeit des kommenden Lichts, das die bösen Geister vertreibt.

Dieser Kampf zwischen Hell und Dunkel, zwischen Gut und Böse, spielt sich in den Rauhnächten von Heilig Abend bis Heilig Drei König ab. Der Aberglaube um die bösen Geister ist tief im Volksgedächtnis verankert und wird trotz christlichen Glaubens nach wie vor als Brauchtum zelebriert. Bei uns in den Alpen vor allem in den berühmten »Perchtenläufen«. Wer einmal beispielsweise die Gasteiner Perchten gesehen hat, wird dieses Erlebnis nie vergessen.

Die Volkskunde führt den Namen Perchten auf die Sagengestalt der »Frau Perchta« zurück. Der Begriff leitet sich von »perat« ab, was im Althochdeutschen so viel wie »glänzend« bedeutet und sich jedem sofort erschließt, der die wunderbaren Spiegelkappen der Salzburger und vor allem der Gasteiner Schönperchten sieht. Der große Gasteiner Perchtenlauf ist organisatorisch und logistisch ein Meisterwerk, ein selten gewordenes Beispiel für den Zusammenhalt einer Gemeinde. Man kann seinen Initiatoren nicht genug danken, dass sie diesen wunderschönen Brauch lebendig halten. Das Großereignis findet alle vier Jahre zwischen dem Neujahrstag und Heilig Drei König in Bad Gastein und Bad Hofgastein statt. Der Brauch des Perchtenlaufs wird seit dem 14. Jahrhundert im ganzen Alpenraum urkundlich erwähnt. Im Gastein ist er am ursprünglichsten erhalten und folgt festen Ritualen. Es wirken 140 bis 150 Personen mit, ungefähr 20 von ihnen sind sogenannte Kappenträger. Ihre reich geschmückten »Kappen« wiegen bis zu 50 Kilogramm, einige davon sind zweieinhalb Meter hoch. Da die Läufer auf einer Wegstrecke von 14 bis 16 Kilometern bis zu neun Stunden unterwegs sind, braucht jeder eine enorme Kondition.

Der Perchtenzug folgt einer alten, festgefügten Dramaturgie: Er wird von drei Rösselreitern angeführt, die auf einer Art Steckenpferd »reiten« und die nachfolgenden Perchten durch »Schnalzen« mit ihren Peitschen ankündigen. Sie werden zu den Lärmperchten gezählt, und das Peitschenknallen soll den Frühling wecken, ähnlich dem alpenländischen Brauch des »Apperschnalzens«. Den Rösselreitern folgt der Vorteufel – ein zotteliges, in Tierfelle gekleidetes dunkles Wesen mit einer Furcht erregenden, mehrfach gehörnten Teufelsmaske und einer Mistgabel. Er führt nichts Böses im Schild und behelligt auch die Zuschauer nicht, sondern macht lediglich den Weg frei für die nachfolgenden, strahlend schönen Kappenträger. Nach altem Brauch trägt er einen alten Bauernkalender am Gürtel und wird von einem Glockenträger begleitet. Der macht mit lautem Geläute auf den nachfolgenden Zug aufmerksam. Auf dem Rücken trägt er eine mit Tannenreisig und Blumen geschmückte Holzkraxe, an der unterschiedlich große Almglocken befestigt sind, die ordentlich Lärm machen.

Diesen »Wegbereitern« folgt der Perchtenhauptmann mit der Musik. Die Hauptleute sind seit Generationen namentlich beurkundet, da sie die Gesamtverantwortung für die Organisation des Laufs tragen. Außerdem wählen sie die Wegstrecke des Zugs aus und sorgen für die unerlässlichen Rast- und Jausenstationen, ohne die diese körperliche Leistung von keinem der Teilnehmer durchgehalten werden könnte. Nach dem Hauptmann und der Musik kommen die ersten Perchten, die Kappenträger, auf die alle Zuschauer schon ungeduldig warten.

Da gibt es Kappen, die mit Hunderten von Wachsblumen und Kernen beklebt sind. Andere sind mit Spiegeln bestückt, die von Girlanden umwunden und mit Kronen gekrönt sind. Die Vielfalt der Kappen ist enorm: Es gibt ganze »Kirchtürme« aus Blumen und Spiegeln, andere bestehen nur aus Rosen, wiederum andere tragen ausgestopfte, heimische Vögel, Eichhörnchen oder Bilder von Wilderern. Die Gasteiner Kappenträger sind sogenannte Schönperchten, ihr Kopfschmuck ist seit Generationen in Familienbesitz und der ganze Stolz der Eigentümer. Die Kappen haben Namen, die jeder Einheimische seit seiner Kindheit kennt. Größere Reparaturarbeiten an einem solchen Kopfschmuck sind Gesprächsthema im Gastein und verlangen handwerkliches Geschick.

Im Zug dabei sind auch noch andere Gestalten: die Heiligen Drei Könige mit einem Sternträger, Bären und Bärentreiber, Frau Perchta mit doppelgesichtiger Maske – vorn schön und hinten hässlich. Besonders schwer zu tragen hat die »Habergeiß«, ein Wesen ganz in Ziegenfell gekleidet und mit giraffen-

Vor allem die Blumen- und die Spiegelkappen der Gasteiner Schönperchten haben mich schon als Kind fasziniert und tief beeindruckt.

langem Hals, auf dem ein geschnitzter Geißkopf mit echten Hörnern sitzt. Auch Hexen – schöne und hässliche –, die mit ihren Besen kehrend durch den ganzen Zug wirbeln, dürfen nicht fehlen. Körblweibl und Körblmandl symbolisieren das Verhältnis von Mann und Frau. Die Figur des Mohren, ein Türkenpaar und ein Briefträger stehen wohl dafür, dass auch in das abgeschiedenste Bergtal Veränderungen und Neues dringen. Die Furcht erregenden Schnabelperchten sind kunstvoll geschnitzte Masken, tragen blutrote, große Scheren und werden als »Ordnungskräfte« verstanden, die auch schon mal in Stuben eindringen und kontrollieren, ob alles sauber ist. Es fehlen auch nicht der Jäger und der Wilderer, das glückbringende Schleiferweibl sowie die Händler und Handwerker mit ihren Bauchläden. Ein Hanswurst und ein »Bajazzl« sind auch mit von der Partie – sie führen die »Poppin« mit, eine an einem Stock befestigte Strohpuppe, die sie den Zuschauerinnen zuwerfen, die ihnen gefallen. Diese beiden Figuren treten in schönen und in hässlichen Maskierungen auf. Der Kaminkehrer darf als Glücksbringer im Zug ebenso wenig fehlen wie das »Zapfenmandl« und der »Baumwercher«, die über und über mit Tannenzapfen und Flechten bedeckt sind und die schwere Waldarbeit symbolisieren. Und damit nur ja keiner auf die Idee kommt zu betrügen, ziehen im Gasteiner Perchtenzug auch König Herodes und seine Frau mit: Ihre Anwesenheit soll die Wirte höchstrichterlich vom Weinpanschen, die Bauern vom Milchwässern und Halunken von Betrug und Hochstapelei abhalten. Begleitet wird der Zug vom berühmten Gasteiner »Klaubauf«, der in den unterschiedlichsten Gestalten auftritt. Ihre kunstvollen, im wahrsten Wortsinn schrecklichen Teufelsmasken sollen böse Geister und Dämonen vertreiben. Was man sich bei ihrem Anblick wirklich gut vorstellen kann.

Die Organisation des Gasteiner Perchtenlaufs stelle ich mir mindestens so aufwändig vor wie die einer Sterne-Küche.

Der Gasteiner Perchtenlauf an Heilig Drei König, dem Tag, der auf die letzte der vier wichtigsten Rauhnächte folgt – die Nacht vom 21. auf den 22. Dezember, der Heilige Abend, Silvester und die Nacht vom 5. auf den 6. Januar –, schließt die alpenländischen Weihnachtstage ab. Noch ist der Schnee nicht verschwunden, aber die dunklen Kräfte des Winters sind geschwächt. Das Längerwerden der Tage wird erkennbar, und das Frühjahr rückt näher. Die immer höher steigende Mittagssonne über den Berggipfeln, deren Strahlen täglich wärmer und kräftiger werden, sind ein untrügliches Zeichen dafür.

Die stillste Zeit im Jahr – das Salzburger Adventsingen

Wenn ich in Salzburg bin, besuche ich gern das »Heimatwerk« am Residenzplatz. Es trägt seinen Namen zu recht.

Neben den Festspielen im Sommer und zu Ostern ist das »Salzburger Adventsingen« mit jährlich etwa vierzigtausend Besuchern seit über sechzig Jahren eine der wichtigsten Kulturveranstaltungen der Stadt. Das hätten sich seine Gründungsväter, der aus St. Johann im Pongau stammende Handwerker und Musikant Tobi Reiser d. Ä. und der Bad Gasteiner Lehrer und Dichter Karl Heinrich Waggerl sicher nicht träumen lassen. Die Anfänge Ende der vierziger Jahre des vergangenen Jahrhunderts fanden noch im kleinen, privaten Kreis statt. Doch schon 1950 war das Publikumsinteresse so groß geworden, dass der Kaisersaal der Salzburger Residenz angemietet und zwei Jahre später in die Aula Academica der Universität umgesiedelt werden musste. Damals konnte Tobi Reiser seinen Dichterfreund Waggerl dazu überreden, das erste Mal mit auf die Bühne zu kommen und seine Weihnachtstexte zu lesen. Als Honorar für den scheuen Waggerl verabredete man ein Paar handgestrickte Fäustlinge aus dem von Reiser gegründeten »Salzburger Heimatwerk« – einem Zusammenschluss von Salzburger Handwerkern, Handarbeiterinnen und Volkskünstlern. Außerdem sicherte man ihm zu, auf der Bühne nicht musizieren und mitsingen zu müssen. Waggerl hatte eine wunderbare Stimme, die ideale Lesestimme. Wer sie gehört hat, wird sie nie vergessen. Das ist auch der

Grund, weshalb wir diesem Buch eine historische Aufnahme beigegeben haben. Waggerls Bücher haben inzwischen Millionenauflagen erreicht und sind in mehr als ein Dutzend Sprachen übersetzt worden. Während er von Hermann Hesse geschätzt und mit Knut Hamsun verglichen wurde, gab es um manche seiner Texte in Salzburg auch Streit: Geschichten wie die über das Jesuskind und den Floh empfanden verbohrte Frömmler als Blasphemie, die über Melchior – auf Seite 102 dieses Buches – könnte von manch Humorlosem heute als politisch unkorrekt empfunden werden.

Immer mehr Menschen wollten dieses neue »Salzburger Adventsingen« Jahr für Jahr hören, immer mehr Kartenwünsche mussten unbefriedigt bleiben, weshalb der damalige Salzburger Landeshauptmann Dr. Josef Klaus vorschlug, die Veranstaltung ins Große Festspielhaus zu verlegen. Dort ist sie seit 1960 beheimatet und inzwischen von weit über einer Million Menschen besucht worden. Sie kommen nicht nur aus ganz Österreich und den benachbarten Ländern, sondern – oft voll von Heimweh – aus ganz Europa und sogar aus Übersee.

Der Gründervater Tobi Reiser hat mit seinen Freunden und Mitinitiatoren jedoch sehr viel mehr getan, als »nur« eine international renommierte Musik- und Brauchtumsveranstaltung zu schaffen. Beeinflusst vom bayrischen Volksliedsammler Wastl Fanderl und dessen österreichischen Kollegen Otto Eberhard und Curt Rotter hat er volkstümliches Lied- und Musikgut wieder lebendig gemacht. Zusammen mit einem Kollegen hat Tobi Reiser das Hackbrett modernisiert und ist der unumstrittene Erfinder der sogenannten Stubenmusik: Mit ihr hat er den Alpenraum musikalisch revolutioniert, indem er Zither, Gitarre, Harfe, Hackbrett und Kontrabass zum ersten Mal zusammenführte. Dieser neue Klang unverkitschter, volkstümlicher Musik ist vielen so in Fleisch und Blut übergegangen, dass sie «Stubenmusi« für eine ursprüngliche Form der Volksmusik halten.

Das »Salzburger Adventsingen« – anfangs nur von Musik und Gesang getragen – wurde schon früh um Szenisches erweitert: Klöpflergruppen, Tanzperchten und Sternsinger traten auf, die Herbergssuche kam dazu, und das Hirtenspiel nach Texten von Tobi Reiser wurde zum roten Faden der Inszenierungen. Sein Sohn Tobias trat 1950, im Alter von vier Jahren, zum ersten Mal darin auf. Nach dem Tod von Karl Heinrich Waggerl im Jahr 1973 wurde die Lesung aus seinen Texten beibehalten, und nach Reisers Tod im Jahr 1999 übernahm Tobi Reiser d. J. die Aufgaben seines Vaters. Die Aufführungen des »Salzburger Adventsingens« werden Jahr für Jahr von mehr als 200 Personen auf und hinter der Bühne getragen. Ihrem Engagement, ihrer Begeisterung und Liebe zu volkstümlicher Musik und heimatlichem Brauchtum ist es zu verdanken, dass sich diese großartige Kulturveranstaltung finanziell seit jeher aus eigener

Kraft trägt und im gesamten Alpenraum zum Vorbild für unzählige Initiativen ähnlicher Art geworden ist – wenn auch unerreicht blieb. Und sie alle – Frauen, Männer, Erwachsene und Kinder – beweisen Jahr für Jahr aufs Neue mit sanfter Hand, dass Tradition nichts Starres ist und Gegenwart nichts Liebloses und beide durchaus miteinander vereinbar sind. So wie ihre Vorgänger es schon getan und gewollt haben.

Das Hackbrett und die Zither erinnern mich an so manchen winterlichen Hüttenabend meiner Gasteiner Jugendzeit. Der Klang der Zither ist durch den »Dritten Mann« ja sogar weltberühmt geworden.

Rezeptregister

Temperaturangaben beziehen sich auf Ober- und Unterhitze. Es ist jedoch sinnvoll, die jeweiligen Empfehlungen des Herdherstellers anzusehen und gegebenenfalls zu berücksichtigen.

Plätzchen

Weihnachtsmenü

Silvestermenü

Autor und Verlag danken:

Ulrike Erbertseder

Ursula Ferstl

Uschi Ghotra

Thomas Jaumann

Heidi und Gernot Köstinger

Christoph Lindpointner

Anna Mittenbuchner

Werner Raith

Rosa Schmidseder

Nicola Schnelldorfer

Monika Schuster

Véronique Witzigmann

Antiquitäten: Herbert Lipah
herbert@lipah.de

Freilichtmuseum Glentleiten
freilichtmuseum@glentleiten.de

Strohsterne: Anke Fercho
info@Anke-Strohsterne.de

Inhalt der CD

1 Eröffnungskantate »Ave Maria« 7'27"
(Chor, Bläser, Christl Klappacher, Sopran, Landa-Kößner-Dreigesang, Sextett, Orgel)

2 Einleitungsworte 1'31"
(Karl Heinrich Waggerl)

3 Das Spiel vom Herbergssuchen 5'29"
(Herbergsuche-Gruppe, Chor)

4 Ländler aus dem Pongau 2'19"
(Gitarren-Dreispiel)

5 Aus einer schönen Rose 1'57"
(Riederinger Sänger)

6 Jodler aus dem Alpenland 0'43"
(Riederinger Sänger)

7 Salzburger Hirtenländler 2'12"
(Tobi-Reiser-Quintett)

8 Nachtwächterruf 2'15"
(Brüder Rehm, Tobi-Reiser-Sextett)

9 Das ist die stillste Zeit im Jahr 1'53"
(Chor)

10 Binsenweisheit 2'52"
(Karl Heinrich Waggerl)

11 Pinzgauer Perchten-Tanz 0'47"
(Tobi-Reiser-Quintett)

12 Freu dich, du liaber Christ 2'52"
(Fischbachauer Sängerinnen, Tobi-Reiser-Quintett)

13 Dreistimmiger Jodler aus dem Alpenland 1'06"
(Fischbachauer Sängerinnen)

14 Langsamer Ländler aus dem Pongau 2'40"
(Tobi-Reiser-Quintett, Orgel)

15 Das Anglöcklen 2'02"
(Karl Heinrich Waggerl)

16 Stacherl, muasst früh aufstehn 2'07"
(Riederinger Sänger)

17 Da droben am Berge 1'52"
(Tobi-Reiser-Quintett, Orgel)

18 Hirten auf dieser Erd' 1'52"
(Turmbläser, Chor)

19 Verkündigung an die Hirten 7'05"
(Hirtenbuben, Chor)

20 Steffi, du Schlafhaub'n 2'10"
(Familie Derschmidt)

21 Goldeggwenger-Bayrischer 1'33"
(Tobi-Reiser-Sextett mit Orgel, Geigenmusik)

22 Spinn, spinn, Spinnerin 2'35"
(Fischbachauer Sängerinnen)

23 Hirtentanz 1'38"
(Tobi-Reiser-Quintett, Orgel)

24 Der Schaukelstuhl 2'05"
(Karl Heinrich Waggerl)

25 Ländler 2'18"
(Tobi-Reiser-Quintett)

26 Auf, auf, es kommt der Tag 1'03"
(Chor, Bläser, Tobi-Reiser-Sextett, Geigenmusik)

27 Alles Heil kommt aus der Stille 1'48"
(Karl Heinrich Waggerl)

28 Stille Nacht, heilige Nacht 1'19"
(Tobi-Reiser-Quintett)